和谐校园文化建设读本

XINGTANQIANNIAN

杏坛千年

安 宝/编写

吉林教育出版社

图书在版编目(CIP)数据

杏坛千年 / 安宝编写. — 长春：吉林教育出版社，
2012.6（2022.10重印）
（和谐校园文化建设读本）
ISBN 978-7-5383-8815-2

Ⅰ.①杏… Ⅱ.①安… Ⅲ.①教育史－中国－古代－
青年读物②教育史－中国－古代－少年读物 Ⅳ.
①G529.2-49

中国版本图书馆 CIP 数据核字（2012）第 116038 号

杏坛千年
XINGTAN QIAN NIAN   安　宝　编写

策划编辑　刘　军　　潘宏竹
责任编辑　付晓霞　　　　　　　　　　**装帧设计**　王洪义

出版　吉林教育出版社（长春市同志街 1991 号　邮编 130021）
发行　吉林教育出版社
印刷　北京一鑫印务有限责任公司

开本　710 毫米×1000 毫米　1/16　　**印张**　11.5　　**字数**　146
版次　2012 年 6 月第 1 版　　**印次**　2022 年 10 月第 3 次印刷
书号　ISBN 978-7-5383-8815-2
定价　39.80 元

编　委　会

主　　编：王世斌

执行主编：王保华

编委会成员：尹英俊　尹曾花　付晓霞

　　　　　　刘　军　刘桂琴　刘　静

　　　　　　张　瑜　庞　博　姜　磊

　　　　　　潘宏竹

　　　　　　（按姓氏笔画排序）

总 序

千秋基业，教育为本；源浚流畅，本固枝荣。

什么是校园文化？所谓"文化"是人类所创造的精神财富的总和，如文学、艺术、教育、科学等。而"校园文化"是人类所创造的一切精神财富在校园中的集中体现。"和谐校园文化建设"，贵在和谐，重在建设。

建设和谐的校园文化，就是要改变僵化死板的教学模式，要引导学生走出教室，走进自然，了解社会，感悟人生，逐步读懂人生、自然、社会这三本大书。

深化教育改革，加快教育发展，构建和谐校园文化，"路漫漫其修远兮"，奋斗正未有穷期。和谐校园文化建设的研究课题重大，意义重要，内涵丰富，是教育工作的一个永恒主题。和谐校园文化建设的实施方向正确，重点突出，是教育思想的根本转变和教育运行机制的全面更新。

我们出版的这套《和谐校园文化建设读本》，既有理论上的阐释，又有实践中的总结；既有学科领域的有益探索，又有教学管理方面的经验提炼；既有声情并茂的童年感悟；又有惟妙惟肖的机智幽默；既有古代哲人的至理名言，又有现代大师的谆谆教诲；既有自然科学各个领域的有趣知识；又有社会科学各个方面的启迪与感悟。笔触所及，涵盖了家庭教育、学校教育和社会教育的各个侧面以及教育教学工作的各个环节，全书立意深邃，观念新异，内容翔实，切合实际。

我们深信：广大中小学师生经过不平凡的奋斗历程，必将沐浴着时代的春风，吸吮着改革的甘露，认真地总结过去，正确地审视现在，科学地规划未来，以崭新的姿态向和谐校园文化建设的更高目标迈进。

让和谐校园文化之花灿然怒放！

本书编委会

目 录

口耳相传育文明
　　——远古教育 ………… 001

成均与庠的传说
　　——学校萌芽 ………… 004

至圣先师
　　——教育家孔子 ………… 008

兼爱劝教传天下
　　——教育家墨子 ………… 014

文韬武略,垂范后世
　　——六艺之教 ………… 017

儒家学派的积极倡导者
　　——教育家孟子 ………… 021

高等学府的世界之最
　　——稷下学宫 ………… 025

中国第一部教育学专著的作者
　　——教育家乐正克 ………… 029

儒学大师
　　——教育家荀子 ………… 034

各领风骚辩战国
　　——百家争鸣 ………… 037

提出"罢黜百家,独尊儒术"的古博士
　　——教育家董仲舒 ……… 041

博通众流百家之言的唯物主义者
　　——教育家王充 ………… 044

古代家训之祖
　　——教育家颜之推 ………… 048

以教为本大一统
　　——从焚书到独尊儒术 … 051

得失千载间
　　——经学治世 ………… 058

盛唐隆宋各分秋色
　　——官学大备 ………… 064

弦歌不绝传典籍
　　——私学荣昌 ………… 068

世代传诵"三、百、千"
　　——蒙养教材 ………… 072

我国最早师说专论的撰著者
　　——教育家韩愈 ………… 076

不恤流俗的教育改革者
　　——教育家王安石 ………… 080

学出山林
　　——书院勃兴 ………… 084

不一样的学校
　　——私　塾 ………… 089

问渠哪得清如许

　　——教育家朱熹与"朱子读书

法" ············· 096

华夏文化泽被海外

　　——中外交流 ········ 100

天资聪慧的阳明先生

　　——教育家王守仁 ······ 104

赚得英雄尽白头

　　——科举取士 ········ 108

中国人首次看西方

　　——西学东渐 ········ 115

师夷长技，自强求富

　　——洋务兴学 ········ 119

西方教育的探寻者

　　——教育家康有为 ····· 123

万木森森一草堂

　　——维新重教 ········ 125

走出国门

　　——留学教育 ········ 128

清末洋务教育的首领

　　——教育家张之洞 ····· 135

学界泰斗，人世楷模

　　——教育家蔡元培 ····· 138

平民教育运动的推动者

　　——教育家陶行知 ······ 141

我国幼儿师范教育的创始人

　　——教育家陈鹤琴 ········ 145

邃密群科济世穷

　　——勤工俭学 ········ 148

平民教育的倡导者

　　——教育家晏阳初 ········ 152

第一个向国内传播马克思主义教育

思想的教育理论家

　　——杨贤江 ········ 156

最后的儒家

　　——梁漱溟 ········ 158

天下兴亡，匹夫有责

　　——爱国学运 ········ 163

夜校·冬学

　　——工农教育 ········ 166

民族教育的新篇章

　　——抗日小学 ········ 170

新中国教育的奠基

　　——学习苏联 ········ 174

教育理论建设的新征程

　　——改革深入 ········ 176

口耳相传育文明

——远古教育

中国的原始社会,分为原始人群和氏族公社两个历史时期,经历了100多万年的漫长发展。在极其艰苦的生产和生活过程中,原始人群创造出了人类最初的原始形态的教育。教育起源于人类社会生产和生活的需要。原始社会的生产水平十分低下,社会生活极其简单,它迫切需要教育为之服务。例如,怎样制造和使用工具,怎样采集和狩猎,怎样与猛兽等自然界的威胁作斗争,怎样在生产中团结互助,怎样协调集体生活,怎样进行社会事务活动等等,这些经验与能力必须传授给新生的一代人,以保证原始人的生存和发展。

由于社会生产和生活的原始和单一,发展缓慢,原始社会的教育从内容到形式都极为简单,并且是在生产和生活过程中同时进行的。教育活动的方式最初是示范模仿,以手势助教;人类语言和思维的发展,使教育手段变成以言传身教为主,教育内容也扩大到间接经验的传授。但因文字尚未出现,教育主要靠口耳相传。

古籍载:"教民熟食,养人利性,避臭去毒。"教人用火熟食,既可使人防止疾病、增强体质,又能促使人的性情变化,脱离野性。这种教育是由于火的控制和使用,社会生产和生活便有了这种需要。人类支配自然不断取得胜利,生产能力获得重大飞跃,生活方式也随之变化,并为原始教育提供了新的内容。这些活动以神话的形式流传于今,如"宓羲氏之世,天下多兽,故教民以猎","燧人之世,天下多水,故教民以渔","神农因天之时,分地之利,制耒耜,教民农耕","后稷教民稼穑,树艺五谷,五谷熟而民人育","嫘祖始教民育蚕,治丝茧以供衣服",等等。古籍中把重大发明多归于圣人之功,可能是因为人们对发明者分外崇拜,推为首领,尊之为神,但这些发明是在集体经验与智慧的基础上产生的。农牧业兴起后,天文、数学、历法及原始水利学、地质学、物候学等自然科学知识逐渐发展,其教育活动也随之产生。原始工艺技术的传授,也成为我国传统的艺徒训练的良好开端,并兼传物理学、化学等方面的知识。

原始社会的生产力极不发达,人类自身的生产则居于重要地位,生活方式的教育显得突出。它包括三方面的内容:遵守一定社会历史阶段的婚姻、家庭制度,建立与之相适应的道德观念;衣食住行等日常生活习惯的培养和生活能力的训练;进行原始民俗活动的教育等等。它孕育了原始形态的人伦道德教育,也蕴含着萌芽状态的自然科学知识的传授,推动着人类社会文明程度的提高,改变野蛮的生活方式,培育人的情感。其中民俗教育较有代表性。

民俗活动有诸如神话、传说、故事、谚语、习俗、节日、称谓、语言风格、衣饰形式;等等,对儿童颇有教育意义。远古的"乐",是器乐、歌咏、舞蹈等相结合的综合性艺术,含有不少有益于人身心健康发展的内容。史书记载,葛天氏之民手操牛尾,踏着脚步,载歌载舞。歌有八阕,名为:《载民》《玄鸟》《遂草木》《奋五谷》《敬天常》《建帝功》《依地德》《总禽兽之极》,表明葛天氏时期已有一定的农牧业、地候学和生物学知识。儿童在观看表演的过程中,就可学到这些生产经验和操作方法,同时感受到长辈们渴望发展生产的美好心愿,培养改造自然的理想。"干舞"是表现战争的,儿童在参加氏族集体歌舞活动中,能受到形象化的军事、体育训练,培育尚武精神和健美的身心。

当男女少年进入成年阶段时,要施行一项庄严的仪式——"冠礼",即成年礼。仪式上要对少年们的体力、智力及毅力等方面进行考验,符合条件者被吸收为氏族正式成员,享有成年人的社会权利,如参加氏族议事会等。有的氏族还要施以文身,有的氏族则有特殊的服饰,以示与少年的区别。儿童死后不葬在氏族公墓里,葬式也特殊,因为这些未成年者生前还不算是氏族成员。"冠礼"的习俗,使儿童教育与成人教育渐有区别,如以神话故事培养儿童与大自然斗争的英雄气概和勇敢无畏的精神,对成年人则加强原始的婚姻教育、政治教育和社交活动的教育,等等。

从目前的考古资料来看,汉民族在商周之前还处于教育的萌芽阶段,其内容从生存技能到专门的生产知识,从伦理道德到本族的宗教文化,涵盖了生活中的各个方面。随着国家的建立,教育对于国家的统治越发重要,教育内容也更加系统化,于是学校出现了。从此,学术理论和政治思想可以通过学校教育向社会普及,同时这些思想理论反过来又影响着学校的发展和变迁。

中国历史有两个关键的节点,第一个节点是在秦汉之初,中国建立起大一统的中央集权统治。第二个节点是晚清时期,封建帝制崩溃,中国全面接受西方的思想和制度。

据此,中国教育的沿革可分为三个时期,秦代之前为第一个时期,这一阶段是中国教育理论的形成阶段。其又可分为两个部分。春秋之前,教育以官方教育为主,主要面对贵族子弟。春秋战国时期,百家思想并举,私人教育蓬勃发展。第二个时期是晚清之前,这一阶段是教育的发展和完善阶段。也可分为两个部分,秦汉时期儒家理论逐步成为教育的主流思想。隋唐之后,教育内容逐渐被科举制所束缚。第三个时期是民国之后直到中华人民共和国建立,这一阶段是教育的转变更新阶段。教育体制全面西化,教学内容追求实效性。

我们将依据这一时间断代把中国学校的发展进程分为三个阶段,并采其重要事件和人物依次论述。

成均与庠的传说

——学校萌芽

教育随人类社会的产生而出现,但学校不是从来就有的。作为在人类原始教育活动的基础上出现的一种专门教育机构,学校是人类社会发展到一定历史阶段的产物。它孕育在原始教育的母体中,随着条件的成熟,从社会生产和生活中独立出来,由萌芽而壮大。学校的产生应具备一定的历史条件:第一,生产力有较大的发展,能为社会提供相当数量的剩余生产品,使一部分人在脱离生产劳动的情况下,有可能专门从事教育和学习活动;第二,脑力劳动和体力劳动有明显的分工,社会上出现了专门从事文化活动的知识分子,其中的一部分就是学校的教师;第三,科学和文化有较大的进步,特别是文字的记载和整理达到了一定的程度,使人类的间接经验得以积累和传播;第四,阶级分化和阶级对立的形成,占支配地位的阶级迫切需要培养本阶级的继承人,并且企图通过教育的手段从精神上统治被支配的阶级。

我国学校是从何时产生的呢?关于这个问题,古籍中记载颇多,而且众说纷纭,但都可以追溯到五帝时期,即进入部落联盟的中国原始社会行将解体阶段。这是中国历史的传说时代,无信史可查。这些传说中有些从出土文物中得到了部分的验证,有些可以做出某种合理的推断,有些只好暂时存疑。教育史研究工作者们力求采取科学的态度,填充这一时期的历史空白。

上古时期,音乐发达。人们能依照景物的变化,即兴作词配曲,并以乐器伴奏演出,两相成趣。但是远古音乐的效用似乎是不同寻常的。相传太昊时代,人们作《立基》之曲,以表达祈盼渔猎丰收的愿望;少昊时代所作的《九渊》之曲,据说有"谐和人神,和上下"的目的;颛顼时代的《承云》之曲，则传说能调顺阴阳、朝贺群后；虞舜时代创制了大型乐舞《箫韶》，流传久远。因为文化的不发达，因为直面着广阔的大自然，原始人的直觉艺术超乎寻常地发展。考古发现证明，五帝时代已有陶埙、骨哨和陶号等吹奏乐器及敲击乐器陶钟，说明那时已有若干音阶或调式。这些必然要反映到教育之中。

原始教育口耳相传，注重声教。以声音感人者，莫善于音乐，因而形成了乐教的传统。"成均"相传就是五帝时以音乐教育为内容的学校，"均"是乐师调音的意思。在原始社会末期，氏族部落经常主持宗教仪式和公众集会，音乐是必不可少的，并且成为氏族显贵必须具备的文化素养和贵胄子弟的必学之术。在成均接受乐教的大概都是贵族子弟，他们已脱离直接的物质生产劳动，专门进行学习；教师是当时已经成为专职人员的乐师。这样从师与生双方面的情况分析，成均之学具有了专门化的趋向，是我国古代学校的萌芽。

庠是有虞氏时代的学校名称。"庠"字原意为米仓，是贮藏养人之物的地方，因而就逐渐发展成为"善养人"的处所。在原始社会时期，生活条件艰苦，只是氏族长老才有资格享用美食佳肴，可以推测，庠最初是氏族部落敬老养老之处。而且在原始社会，教育新生一代的任务通常是由老年人承担的，庠到后来就演变成教育的场所。敬老和孝的教育，也就理所当然地成为庠学的重要内容。

孝的教育在当时具有十分重要的政治意义。原始社会晚期，正值"天下为公"向"家天下"转变的历史时期，部落联盟首领的选拔，由选贤任能而变成传子制度。社会突变，新旧势力斗争激烈，统治阶级渐渐形成，学校作为统治者的教化手段，孝成为庠学的教育内容是很自然的。它要以养老为号召，进而向各阶层的人实施孝悌教化。孝的教育，比之于生活过程中的敬老教育更为集中，趋于理性化。这正是学校摆脱其依附形态、具有一定独立性的表现，从中也显示出某些学校教育的特征。而且庠学中有上庠与下庠之分,上庠养氏族长老,下庠养普通老者,他们是庠学之中专门负责施教的老人。可见在学校萌芽之初,教育便显现出其阶级性。

西周的教育制度是学在官府,官师一体这是学在官府的重要标志。这有两个表现,一是官师合一,由国家官员掌握学术,担任各级学校的教师;二是政教合一,学校既是施教场所,有时进行政治活动的场所,教育机构与行政机关不分。

西周学校建制分大学与小学。

小学在王宫旁边,王宫侍卫官师氏、保氏为小学师长。贵族子弟8岁始离家人入小学,小学教育包括德、行、艺、仪,尤重孝亲父母、友尊贤良、顺事师长一类德行的修养,为造就有德行的未来统治者打下基础。

大学设在郊外,天子的大学四周环水叫辟雍,诸侯的大学半周环水叫泮宫,表现出等级性。大学教育更为贵族子弟所享有,极个别平民中的优秀者经严格的考核选拔方能进入。大学入学年龄通常始于15岁,九年完成学业。大学的择址和设施是出于射、御的教学和演练的需要。大学的目标在于大艺、履大节,培养有德有仪、能征善战的统治者。祭祀要学礼乐,军事需练射御,大学实行分科教学,以礼乐为重,射御次之,书数又次之。大学的课程与教学已有明确的计划性并有专门的场地与专门的官员施教。

西周地方学校统称为乡学。文献记载西周在地方行政组织的基础上相应设立乡校、州序、党痒、家塾,分别由各级地方官员负责,又由中央政府负责民政的司徒总领导。乡学教育以德、行、艺为内容而与国家联系,并实行定期选拔,将优秀者送之国学深造。

西周特别重视道德教育,以明人伦为核心。教学内容包括德、行、艺、仪四个方面,而以礼、乐、射、御、书、数六艺为基本内容,其中诗、书、礼、乐称为"大艺",是大学的主要课程,书、数称为"小艺",是小学的主要课程。礼是西周大学最重要的课程,包括所有的宗法等级世袭制度、道德规范和仪节。这种礼乐教育在西周时期确实对于改变风俗习惯,安定社会秩序,加强各诸侯国之间的联系起巨大作用。

西周社会等级结构表现为金字塔的形态,教育资源完全集中在塔尖部位,学校的作用仅仅是为了把贵族子弟培育成为国家未来的统治人才。

从成均与庠学之中,我们隐约可以看到后世官办学校的影子。社会政治、经济和文化的发展,推动着教育的步伐。学校萌芽,标志着中国历史已经走到了文明时代的门槛前。

至圣先师

——教育家孔子

说起孔子,人们大约脑里浮现出一个不苟言笑的尊者圣人。实际上,诲人不倦的孔子能让席下的三千弟子颔首诚服,并拥戴追随他周游列国,说明他的影响和作用远远不止于此。我们应该拿掉历代帝王加给孔子的光圈,回到历史上去看一看真实的孔子。

孔子名丘,这个名字的由来有很多说法。一种说法来自《史记·孔子世家》,书中认为,孔子"生而首上圩顶,故因名曰丘云。"即孔子头顶中部有凹陷。钱穆在《孔子传略》中也持此说。据传孔子的祖先是商朝的宗室,到周朝时被封于宋国(今河南商丘),之后其祖又迁居到鲁国。孔子3岁丧父,17岁丧母,孔子少年孤苦,并没有受到家族的荫庇。他生长在文化中心的鲁国,自幼受到周礼的熏陶。六岁玩游戏时,就喜好摆弄祭祀器物,模仿礼仪规范;15岁时,他确立了坚定的学习志向。他研习鲁国所保存的中国古代文化,从中寻求治国教人之道。由此决定了他一生的道路,也形成了儒家的思想特点。

孔子在仕途上,一生都郁郁不得志。年轻时做过小吏。从50岁到54岁,虽然官运亨通,由国都长官的中都宰,升迁为管理生产的司空,最后荣升大司寇,司法并兼理宰相之职,但他的政治抱负却始终不能在鲁国实现。又因为与执政大夫季桓子的矛盾激化,很快下野,遂离开鲁国到各国游说,宣传其政治主张。

孔子毕生致力于教育,在"三十而立"之年,创办私学,以"学而不厌,诲人不倦"的精神,终身从事教育,做官之时也未停止教育教学活动,周游到各国时则带领弟子同去。

孔子的办学方针是"有教无类",就是在招收学生时,无分贵族与平民,不论华夏族与华夷诸族,均可入学。孔子的学生,大部分是同他一样的人,如居于陋巷的颜渊,百里负米以养母的子路,帮助母亲种瓜、织布的曾参,身穿芦衣为父推车的闵子骞,有过牢狱之灾的公冶长,等等。

孔子的教育,把这些"鄙人"造就成为显士。他有弟子三千余人,为人称道而身通六艺者有七十二贤才。有人讥笑孔门芜杂,子贡反驳说:"君子正身勤学以待学生,来者不拒,去者不止。有道是'良医之门多病人,檃括(矫正邪曲的器物)之侧多枉木',杂得有理。"因孔子重礼,要求学生以十条干肉作执见礼,方可及门受教,称为:"行束脩"。

孔子同学生之间的感情非常深厚。游学到郑国时,他与弟子互相失散,有人告诉子贡:"东门那儿有个人,脑门儿长得像尧,脖子像皋陶,肩膀又像子产,但是自腰以下却不及禹三寸,累累若丧家之狗。不知那是不是你的老师?"子贡找到孔子之后,并没有避讳,以实相告,孔子欣然笑道:"那人描述的形状虽不尽然,但是说我如丧家之狗,真是太像了!太像了!"

孔子对学生施行四种教育:历代文献、社会生活实践、待人的忠心和交往的信实。其中道德修养的比重大大超出知识教育,"行有余力,则以学文"。

孔子的教育内容是"六经"、"六艺",继承中国古代文化。孔子"删诗书、定礼乐、修春秋",整理发展了殷周以来的文化典籍,成为《诗》《书》《礼》《乐》《易》《春秋》六部著作。这些被刻在二尺四寸长的竹简上,尊称为"经";孔丘和其他儒生解释经义的文字,写在较短的竹简或木版上,叫做"传"。儒家经传决定了其后整个封建社会的教学内容。

孔子一生热爱学生,忠于教职。他说:"爱之,能勿劳乎?忠焉,能勿诲乎？"学而不厌，诲人不倦，这是优秀教师必备的品质。有的学生曾怀疑孔子隐其学而不教，并背地里考察他的儿子鲤，孔子知道后向学生表白自己的一片赤心："你们以为我有所隐瞒吗？我尽知而教，无有所藏，这才是我孔丘的为人。"学生后来也认识到，孔子没有把学问看成是家庭财产而独厚其子，他的学生要比儿子的学业闻名，这是孔子的一种高尚师德。

身教胜于言教。孔子在教育学生中，严以责己，以身作则，"躬自厚而薄责于人"。他以教师形象这一强烈的感化性的教育力量，取代空洞的说教方式，对学生潜移默化地施加影响。他一生严格要求自己，堪为学生的表率，他要学生勤奋好学，自己首先是个好学乐知的典范；他要学生博学多闻，自己已是学富五车；他要学生见利思义，自己就是个"不义而富且贵，于我如浮云"的人；如此等等，不一而足。

孔子的教育既有方法又讲艺术，注重因材施教与循循善诱。因材施教的前提是了解学生，孔子对弟子注意听其言而观其行，使之能发挥特长，并对他补偏救弊。一次，子路向孔子请教："我若是听到了什么道理，就应该马上去实行起来吗？"孔子说："你有父兄在身边，要先问他们的意见，怎么能莽撞行事呢？"之后，冉有也向孔子请教："请问老师，我若是有所闻道，是否要立即实行呢？"孔子说："有所闻就应有所行，多多行动，不要犹豫。"两次问学时，弟子公西华都在孔子旁边，他听得十分迷惑。孔子告诉他："子路好勇，遇事不加思考，因而教他多听别人的意见，不要轻举妄动；冉有则优柔寡断，平日畏缩不前，需要鼓励他勇于行动。所以我对二人的教训不同。"公西华心服口服。孔子实践了自己提出的因材施教的教学方法。

孔子教导学生，"三人行，必有我师焉。择其善者而从之，其不善者而改之"。他看到后生可畏，要学生"当仁，不让于师"，在道理的面前不分师生，一律平等。他经常和学生共同切磋学问，虚心向弟子学习，不耻下问。孔子不希望学生做唯唯诺诺的应声虫,喜欢学生提出相反的意见,对教师有所帮助。师生之间互相有教有学,孔子首开教育史上"教学相长"的一代风气。

据说孔子身高 9 尺 6 寸,依周制约合现代 191.136 厘米。因此,被称为"长人"。孔子膂力过人,并非文弱书生的形象。孔子不但具有高大的形象,其对于人情事物的理解和看法也是理性且灵活的。这可以通过《论语》中记录的孔子事迹来一窥究竟。

孔子的人情味表现在一个故事中,叶公对孔子说:"我们乡里有个非常正直的人,他的父亲偷了羊,于是他举报了他的父亲。孔子说:我们乡里要是有这种事,儿子会为父亲隐瞒,父亲会为儿子隐瞒,这表现的才是真正的正直品格。"后人认为,隐瞒犯罪与社会道德相抵触,并以此认为孔子的仁义道德是虚伪的。这里面辩论的重点在于亲情和法制到底孰重孰轻。孔子的回答表明,与生俱来的亲情是真实的,人为制定的法制是虚伪的。去伪存真,是顺应人性,是正确的。由此可知,孔子的思想是温情而灵活的,而不是僵硬的教条。

孔子的人品、师品、学识,为学生所叹服。好学的颜渊对此体会最深,他曾讲:"夫子为人,令我仰之弥高,钻之弥坚。他循循然善诱人,以文学与礼仪等内容教导我们,让人乐知好学,欲罢不能。只是夫子学问太高深,我竭尽全力想有所造诣,却仍是远远不及夫子。"一代大师孔子令众多弟子心悦诚服,师生感情至厚。他死后,弟子以父母之丧礼葬之,都服孝三年后,大哭相诀而去;子贡却仍在墓旁筑房而居,守墓六年才离开。几年时间,弟子们与慕名而来的鲁人,有百十余家在此居住,人称"孔里"。

孔子门人及其再传弟子将其学说结辑成《论语》,是研究孔子思想的主要文献。汉代定型的《礼记》一书中也曾记述孔子的思想包括如《大学》《中庸》等。又有记录孔门思想的《孔子家语》一书,传统上被认为是伪书,但近年渐得学界重视。南宋时,朱熹将《论语》以及《礼记》中的《大学》《中庸》两篇与反映亚圣孟子思想的《孟子》一书合在一起,撰写了《四书集注》。四书与《诗》《书》(尚书)《礼》(礼记)《易》《易经》《春秋》五部经典合称"四书五经",是儒家学说的核心经典。

孔子虽为诸子之一,但自汉武帝时,董仲舒提出"罢黜百家,表章六经",确立了儒家学说在中华文化中的主流地位,孔子也成为中华文化的代表人物。孔子整理"六经","祖述尧舜,宪章文武",是先秦之前文化之集大成者。宋儒朱熹曾叹曰:"天不生仲尼,万古如长夜。"国学家柳翼谋以孔子为"中国文化之中心",认为"其前数千年之文化,赖孔子而传;其后数千年之文化,赖孔子而开;无孔子,则无中国文化"。钱穆亦认为"孔子为中国历史上第一圣人。在孔子以前,中国历史文化当已有两千五百年以上之积累,而孔子集其大成。在孔子以后,中国历史文化又复有两千五百年以上之演进,而孔子开其新统。在此五千多年,中国历史进程之指示,中国文化理想之建立,具有最深影响最大贡献者,殆无人堪与孔子相比伦。"孙中山更认为:"真正的民生主义,就是孔子所希望之大同世界。"

作为伟大的思想家和教育家,孔子在漫长悠久的古代史上,几乎是中国文化的象征。他的教育思想与教育活动,对后世封建社会乃至今天影响极大。他的爱生忠诲、循循善诱、学而不厌、教学相长、因材施教、以身作则等教育思想和教育实践,成为中国教育的优良传统和中国教育的精华。"至圣先师"的称号,固然是统治者们捧起来的;但是"万世师表"则属后人对他的中肯评价,孔子的教育思想与崇高师德,仍值得我们的人民教师去借鉴继承。

历代帝王之祀孔子者,自汉高祖始。《汉书》记载:高祖"过鲁,以太牢祠孔子"。而学校祀孔,自汉明帝始。《后汉书》记载:"永平二年,郡、县、道行乡饮酒礼于学校,皆祀圣师周公、孔子。"《文献通考》记载:"贞观二年,停祭周公,升孔子为先圣"。自汉以来,孔子被历代统治者冠以各种名头,甚至被封为"大成至圣文宣王"。究其缘由,一方面是统治集团为了确立儒家思想的崇高性而采取的政治手段,另一方面是儒家纲常伦理已成为社会的主流意识。后人为了纪念孔子,很多地方都建有孔庙,并进行祭孔的活动。

兼爱劝教传天下

——教育家墨子

据说墨子出身社会底层，可能做过奴隶和苦工。这一推论源于"墨"即墨刑，其为古代刑名之一。墨家生活菲薄，其道以自苦为极。墨子和弟子们都"手足胼胝，面目黎黑，役身给使，不敢问欲"。司马迁没有给墨子立传，仅在孟子、荀卿传后，有简略记载："盖墨翟宋之大夫，善守御，为节用，或曰并孔子时，或曰在其后"。《孟子·滕文公》篇云："杨朱、墨翟之言盈天下，天下之言，不归于杨，即归墨。"可知战国之世，墨家属显学。

春秋战国之际，封建小农经济开始发展，小农、小手工业者和私商社会地位逐步提高。代表"农与工肆之人"上层的士大夫集团形成了墨家学派。他们要求发展小手工业经济，并且参与政事，主张在加强贵族中央集权制的基础上实行贤人政治。先秦时代的学派，以其私学为中心，大都既是学术团体，又为政治集团。墨门师生都穿粗衣，着草鞋，日夜操劳，以自苦为乐。墨家集团的首领称"巨子"，由上代指定，代代相传，墨子是第一代巨子。

墨子早年曾学儒者之业、受孔子之术，后来认为儒家礼节繁缛不堪，厚葬靡财贫民，因而离儒成墨。墨家学派之人多出身于劳动人民，他们勇敢无畏，为道献身，赴汤蹈火，死不旋踵。墨子止楚攻宋时，日夜兼程，行十天十夜去见公输盘。第二代巨子孟胜替楚国阳君守城而死，他的弟子183人也为之殉命。只要是利天下之事，虽摩顶放踵，也决不退后，这种愚昧而又壮烈的牺牲精神，使墨家虽然徒众不多，仍能受统治者重视，而与儒家并成为当世之显学派。

墨子认为天下大乱的原因，是人们"不相爱，交争利"，四体不勤更难以助人，腐臭余财也不分与他人，隐匿良道而不教给旁人，如此则饥者不得食，寒者不得衣，乱者不得治。他真诚地希望天下人"兼相爱"，爱人如同爱己，有力者疾以助人，有财者勉以分人，有道者劝以教人。墨子也正是以这种精神，率弟子周行列国，上说下教，为义、传义。

孔子的儒家入学之礼为"行束脩"，墨子则以先行劳苦事从服役为入学条件。他的第一个大弟子禽滑釐，事奉他三年整，手足都生老茧，面目黝黑，但仍服役给使，而不敢向他请教。墨子受了感动，方允许禽滑釐入学。这是手工业技师收徒弟的做法，墨子保留了这一习惯。

墨子以"农与工肆之人"为教育对象，要给他们以实用的知识和技能，各从事其所能。因而在传授《诗》《书》和《春秋》之外，墨子很重视自然科学技术的教育，在几何学、光学、力学、机械制造等方面有突出的成就。他对点、线、面、体等一系列几何概念，作了较为科学的抽象概括；墨子最早做了著名的小孔成像实验，解释了影的生成，揭示了光的直线传播原理；同时他还对力和力矩的概念、杠杆原理进行了探讨。由于墨家学派广泛地接触生产实践，注意总结各种问题，并勇于创新发展，而在创作新东西的同时，又能继承古代的优秀文化遗产。

墨家的组织性非常强，他们有一套结义制度即墨子之法，巨子和弟子都要共同遵守。墨子在当时社会威望较高，三四十岁时就有"北方圣人"之称，他可以推荐弟子去一些国家做官。但是为官者必须实行墨家学说，否则就要辞职。墨子曾经派胜绰事奉齐国大夫项子牛，但是项子牛三次侵犯鲁地，胜绰也次次相从，趋利背义，忘墨之道，墨子便让高孙子去见项子牛，要求他将胜绰罢官。墨子使耕柱子去楚国做官，其他门人找耕柱子时受到冷遇，耕柱子后来怕老师怪罪他未做到有力相助，赶紧寄十金给墨子，附言说:"后生不敢死,有十金于此,请夫子使用。"墨家学派体现了手工业结社组织的严密性和绝对服从性,实为后世行会的滥觞。

墨子出于儒而反儒,在战国百家争鸣的各学派中独树一帜,在史册上也是前无古人,后无来者的。墨子兼爱天下、劝以教人的精神,实为可嘉。而他要统治者接受他的教育,把财产分给穷人,让人民有受教育的机会,这无异于与虎谋皮,他真诚的幻想在现实社会中只能招致悲剧的命运。

文韬武略，垂范后世

——六艺之教

以孔子为代表的儒家学派十分崇尚古代文化，因而夏、商、西周三代共同实施的"六艺"教育，虽是奴隶社会的教育内容，其影响却及于整个封建社会。它的生命力并未随奴隶制的灭亡而结束，显示出礼、乐、射、御、书、数"六艺"教育所具有的独特的价值，为后代教育家所汲取。

礼乐之教是对原始氏族社会的礼与乐的批判继承，礼是宗教活动的仪式，乐是原始音乐歌舞。它们发展成为阶级社会教育的内容，逐渐趋于伦理化和政治化，而改变了原始礼乐完全依附于宗教的关系，礼乐之教育开始成为独立的政治道德教育。周公制礼作乐，以教育德；孔子对礼乐传统充实以时代的新内容，主张内容重于形式。他们为中国古代礼乐教育完成了奠基的任务。

我国号称"礼仪之邦"，孔颖达说过："中国有礼义之大，故称夏；有服章之美，谓之华。"华夏之称，正是因我国礼义之盛而得名。礼的教育无所不包，史载西周国学（专为统治阶级的上层贵族子弟而设）所教之礼为"五礼"，包括吉、凶、军、宾、嘉五个方面，共三十六目；乡学（即地方学校）之礼有六，为冠、婚、丧、祭、飨、相见。从今天的观念来看，礼的教育包含着政治宗法、伦理道德、爱国爱乡、行为习惯等方面。

礼的核心是具体化的等级名分制度，详细至分封、爵禄、命服、赋税、官职、巡守、朝聘、出征、田猎等诸方面。以礼标明尊卑的差别，为的是教育百姓安分守己、不得僭越犯上；借礼以进行法制教育，防止百姓暴乱；

定下舆服物用的等差制度，使百姓懂得享用的法度，知足安贫。礼又是贵族子弟从政的必备技能，在各种政治活动和社交场合中举止言语得体，保持贵族的威严。所以西周国学有"六仪"之教，即"祭祀之容"、"宾客之容"、"朝廷之容"、"丧纪之容"、"军旅之容"、"车马之容"，体现了西周的政治、宗法制度。

西周国学又有"三德"之教，即至德、敏德、孝德；乡学传授七教，即父子、兄弟、夫妇、君臣、长幼、朋友、宾客七项人伦之教。《周礼》中言："以阳礼教让"，"以阴礼教亲"，"阳礼"指孝悌之礼，培养敬老、尊长的谦逊民风；"阴礼"为婚姻之礼，以阐明相亲之义。由此开创了中华民族重视家道建设、维护家庭和睦的优良传统，影响深远。

祭祖的祀礼，非常注重培养共同祖先的观念，而渐渐形成我们民族中华儿女的概念、报本反始的思想和同胞物与的情感。西周仍保留原始先民族葬的遗俗，当时还有哭墓和展墓的礼俗，所谓"去国则哭于墓而后行，反（返）其国不哭，展墓而入"，后世则演变出扫墓的风俗，而形成热爱乡土、叶落归根的民族传统心理。这些民风礼俗培养出了把祖先、家庭、故土和祖国融为一体、与之血肉相联的深厚感情。

行为习惯的培养包括洒扫、应对、进退、饮食、起居、装饰、谈吐等多方面的规范。要求儿童学习各种幼仪，反复练习各种应答的言语，当小孩会自己吃饭时，要教以右手；七岁时，要求男女不同席、不共食；八岁时，出入门户和饮食必居于长者之后等等。国学专门教授"三行"，一曰孝行，以亲父母；二曰友行，以尊贤良；三曰顺行，以事师长。其中孝行就有如何使父母冬温夏清、每日如何施以昏定晨省之礼等尊爱之事，事无巨细，一一施教。

礼为六艺之首，在我国历史上，它的确立是文明代替野蛮的重要标志，是精神文明发展史上的巨大飞跃。礼教一方面促成了中华民族的许多优良传统，同时又意味着对劳动人民精神统治的加强。到了封建社会的末期,作为巩固腐朽封建制度的工具,也必然受到新兴阶级的猛烈批判。

西周时的乐是各门艺术的总称,包括音乐、诗歌、舞蹈、早期的戏剧、简单的作文等等。乐教就是用艺术的感染力量,使人们从道德认识到道德情感都致于中和,化情移性,移风易俗。西周统治者明确要求乐为政治服务,对乐队和舞队的排列、人数、所用器乐多少,根据乐舞主人的等级而有相应的制度规定。在燕礼、射仪、王师大献等社交场合与政治活动中,在"敬天"的宗教活动中,在祭祀、求雨、驱瘟等迷信活动中,都要借助乐来显示王者与上帝的威严。西周的诗歌十分发达,在各种礼仪中,都要演唱贵族的创作或自民间采风而来的乡曲,还配之以演奏,诗歌弦诵为贵族以至庶人必不可少的文化修养,乐舞也是国学的必修课。

射,指射箭技术的训练;御,是驾驭战车技术的训练。我国学校一经产生,射御之教就被列为重要内容。男孩长至13岁就要学射御,这是因为古代的军事斗争十分激烈。西周在选拔贡士时,若德行和其他技能基本相同,则以射箭技术的高低为选择依据。国学教射的方法有五种:"白矢"要求射透箭靶,见其镞白;"参连"是射连珠箭;"剡注"指射水平箭;"襄尺"要求射时肘要平,可放一杯水,使臂直如箭;"井仪"要求四支箭中靶后呈井状,由此可见训练之严格。

西周的战争以车战为主,战车技术的训练很全面。御的教练方法也有五种:"鸣和鸾"指车起动后,车铃"和"与"鸾"必须铿锵齐鸣;"过水曲"要求御者善于随水势而变化屈伸,不使车坠入水中;"过君表"是遇辕门设障时要乘隙而入,而不得与之相撞,要求战车有准确的冲刺能力;"舞交衢"要求驾车在交叉路上旋转,如应舞节;"逐禽左"是驾车出猎时擅用车阻挡禽兽,协助打猎。射御训练也注重道德教育,必须尊礼,并有相应的"礼射"制度;还要求武士有明确目的、志向以及良好的竞技心理状态,促进形成我国重视体德的优良传统。

书，即识字教学。我国的文字到商代进入成熟阶段，习字学书便成为重要的教育内容，儿童十岁时就要从师学习识字。西周的识字教学按照汉字的构成方法分类施教，称为六书之教，其内容为象形、指事、形声、会意、转注与假借。中国按汉字结构分类进行集中识字的传统教法，就发端于此时。

数为数术的简称，数术之学有六个方面：天文、历谱、五行、蓍龟、杂占、形法，内容庞杂，包括有关数学等自然科学技术和宗教技术知识的传授，遍及当时的民生日用。西周数的教学较为系统规范，六岁儿童要学习数数与辨方位；九岁时学"数日"，即纪日法，包含天文历法和历数知识；十岁则学"书计"，包括十进制的文字记数法和筹算的计算方法。

"六艺"教育文武并重，礼、乐、书、数之教为文，射、御之教为武；而且各育兼备，礼、乐侧重德育又含美育，书、数注重智育，射、御含体育在内。"六艺"之教把知识的传授与技能的训练结合起来，相济相成。"六艺"中礼、乐、射、御为"大艺"，是贵族从政必具的治术，大学阶段里深入学习；书、数为"小艺"，是民生日用之所需，在小学阶段必修。"六艺"教育反映了教育的特点和规律，很有意义。

到了封建社会，经学教育占统治地位，"六艺"之教受到排挤，但它在小学和私学中并未中断。宋代教育家朱熹主张小学教育要学"六艺"，宋朝的官学设立了书学、算学、武学等专科学校。到了明朝太祖时要求太学"文以六艺"，府、州、县学专治一经并以"六艺"设科分教。清代教育家颜元以习"六艺"提倡经世致用之学，补救教育空疏。"六艺"之教对其后世三千年的教育发展产生了深远影响，孔子以夏、商、西周三代的古文化为基础确立了中国的传统文化，三代的"六艺"教育便成为传统教育的重要部分。这正是中国古代教育的突出特点。

儒家学派的积极倡导者

——教育家孟子

战国时期儒家学派首要继承者和倡导者叫孟子。孟子名轲,字子舆,鲁国邹(今山东邹县)人。生于周烈王四年,卒于周赧王二十六年,终年84岁。他的祖先是鲁国贵族孟孙氏之后,本人属于"士"的阶层。

孟子父亲早亡,母亲很注重对他的教育和培养。其家先住在坟墓附近,做游戏时学葬人。孟母深恐这样下去对他产生坏的影响,于是把家搬到集市附近。但他又去学商贩叫卖。孟母觉得这也不是教子学习的好环境,再次搬家到学校附近。这时,她看到儿子做礼仪的游戏,说:这才是教儿子学习的地方。孟子小时不认真读书,母亲把布机上的布割断并以此教导儿子刻苦学习。"孟母三迁"和"断织劝学"的故事,反映了环境和家庭教育在学生成长中的重要作用。孟子受业于子思门下,子思孟子之学,后世称为思孟学派,是儒家唯心主义学派。孟子成年以后,从事私人讲学,中年后怀着政治抱负游历四方。曾到过齐、梁、宋、滕等国,但终不见用,遂退而讲学著述。

孟子认为全民教育是实行仁政的手段和目的。一方面,主张"设为庠、序、学、校以教之",加强学校教育;另一方面,要求当政者要身体力行,率先垂范。"君仁,莫不仁;君义,莫不义;君正,莫不正。"以榜样的力量,教化百姓。教化的目的,就是要百姓"明人伦",以建立一个"人伦明于上,小民亲于下"的和谐社会。孟子指出,"民之为道也,有恒产者有恒心,无恒产者无恒心",只有使人民拥有"恒产",固定在土地上,安居乐业,他们才不去触犯刑律,为非作歹。孟子认为,人民的物质生活有了保障,统治者再兴办学校,用孝悌的道理进行教化,引导他们向善,这就可以造成一种"亲亲"、"长长"的良好道德风尚,即"人人亲其亲、长其长,而天下平"。

孟子教育思想,是与他的政治主张和哲学思想相联系的。孟子持性善论,他认为,人性是善的,就像水往低处流一样,这是一个不争的事实。人生来都有最基本的共同的天赋本性,这就是"性善"或"不忍人之心",或者说对别人的怜悯之心、同情心。他举例说,人突然看到小孩要掉到井里去,"乍见孺子将入于井",都会有惊惧和同情的心理。这种同情心,并不是为了讨好这小孩子的父母,也不是要在乡亲朋友中获得好名声,也不是厌恶见死不救的名声,而完全是从人天生的本性中发出来的,这就是"不忍人之心"。也叫"恻隐之心"。除了"恻隐之心"还有"羞恶之心"、"辞让之心"、"是非之心"。这四种心也称为"四端"或"四德",就是孟子论述人性本善的根据。孟子认为,人与禽兽的差别很微小,仅仅在于人有这些"心"。如果没有这些"心",就不能算作是人。在他看来,如果为人而不善,那不是本性的问题,而是由于舍弃了本性,没有很好地保持住它,绝不能说他本来就没有这些"善"的本性。

孟子的教育学说,以性善论为基础,重视环境与教育的作用。他认为人性本善,很容易被外界物欲所引诱,就会断其天性成为恶的。他举"富岁子弟多赖,凶岁子弟多暴"为例,证明天生的才能是同样的,因为受到周围客观环境的影响,使他陷溺其心而发生差异。他又举牛山的树木本是美丽可爱的,因为天天受刀斧的砍伐,牛羊的践食,茂盛的树木变为濯濯的童山,这并不是山原来的本色,是由环境影响所致的。纯洁的儿童,处在习惯恶劣的环境中,经过长时期的习染,必定会放逸它固有的善心,因之它主张必须用教育的力量来挽救它,认为教育的作用在"求放心",所谓"学问之道无他,求其放心而已矣"。这种"求放心"的说法,是以他的唯心主义的性善论为根据的,当然是不科学的,但仅就他重视环境对教育的作用一点来说,也有积极意义。

关于教育的目的,他认为既然以"求放心"为主,用以恢复所固有的善心,要从"爱亲"、"敬长"入手以期达到为"仁"与"义",所以他主张教育的最终目的是在"明人伦"。就是说,使受教育者都了解和遵守封建社会中尊卑、贵贱、男女、长幼相互关系中的道德标准,使人人能"相亲相爱",不再有"犯上作乱"的行为,借以巩固封建统治的政权。

在教育方法上,孟子特别重视培养与锻炼。培养的消极方面,在"养心","养心"为了"寡欲",用以杜绝外界物欲的引诱,所谓"养心莫善于寡欲";培养的积极方面,在"养气",用以稳定心志,勿使害气,做好"集义"的工夫以培养"浩然之气",使外来的引诱都不足以动其心,正气自然能充塞于天地之间。培养这样的人格,即他所谓"大人"与"大丈夫"。孟子不但重视培养,又极注意学生意志性格的锻炼。他以为一个人能成大事负重任,必须从极端的困苦患难中经过多方的磨炼挫折和深刻的教育,才能锻炼出来。

孟子很推崇"易子而教"的传统教育方法。当他的得意门生公孙丑询问有的君子为何不亲自教育自己的儿子时,孟子回答道:"势不行也。教者必以正;以正不行,继之以怒。继之以怒,则反夷矣。古者易子而教之,父子之间不责善。责善则离,离则不祥莫大焉。"父子之间由于感情深厚,父亲对儿子的教育往往不严,对于儿子的一些错误和毛病也因为溺爱和娇惯而放任,从而使正确的教育难以为继。所以,易子而教,既能从严要求,也能保持父子之间的亲密关系,不伤害感情。

孟子关于学生学习的主张,也有不少精辟的见解。他主张自我主义,要求学习必须经过自己的刻苦钻研,自求自得,才会心有所得,深入心通,达到愉快的境地,将来应用于实践,便会取水于泉,用之不竭。

孟子又要求学习必须专心致志,努力以求。他举学棋的故事,说明一心二用的决不能成功。所以他反对"一曝十寒"、"自暴自弃",主张学习必须有恒,要继续不断,日夜不息。

孟子在认识论方面,虽也承认外界事物与感觉器官相接触而得知识。但他又把人体分为"大小"、"贵贱",从而区别为"从其大体者为大人,从其小体者为小人"。这样,就把感性认识与理性认识对立起来,完全是一种唯心主义的想法。孟子的"劳心者治人,劳力者治于人"的主张,影响于政治,也影响于教育。他把体力劳动与脑力劳动对立起来,认为学习属于劳心范围以内的事,认为体力劳动是可耻而不屑为的。这种轻视劳动的思想,反映了孟子的历史和阶级的局限。

孟子根据战国时期的经验,总结各国治乱兴亡的规律,提出:"民为贵,社稷次之,君为轻。"认为如何对待人民这一问题,对于国家的治乱兴亡,具有极端的重要性。孟子十分重视民心的向背,通过大量历史事例反复阐述这是关乎得天下与失天下的关键问题。"民为贵,社稷次之,君为轻。"意思是说,人民放在第一位,国家其次,君在最后。孟子认为君主应以爱护人民为先,为政者要保障人民权利。孟子赞同若君主无道,人民有权推翻政权。正因此原因,《汉书》"艺文志"仅仅把《孟子》放在诸子略中,视为子书,没有得到应有的地位。

到五代十国的后蜀时,后蜀主孟昶命令人楷书十一经刻石,其中包括了《孟子》,这可能是《孟子》列入"经书"的开始。中唐的韩愈著《原道》,把孟子列为先秦儒家中唯一继承孔子"道统"的人物开始,出现了一个孟子的"升格运动",孟子其人其书的地位逐渐上升。宋神宗熙宁四年(1071 年),《孟子》一书首次被列入科举考试科目之中。元丰六年(1083 年),孟子首次被官方追封为"邹国公",翌年被批准配享孔庙。以后《孟子》一书升格为儒家经典,南宋朱熹又把《孟子》与《论语》《大学》《中庸》合为"四书",其实际地位更在"五经"之上。元朝至顺元年(1330),孟子被加封为"亚圣公",以后就称为"亚圣",地位仅次于孔子。

高等学府的世界之最

——稷下学宫

古希腊时期,在公元前四世纪中叶,雅典有一所柏拉图创建的学院,称"阿卡德米",举世闻名,亚里士多德曾在这里就学20年。此时希腊还是奴隶制社会。而万里之外的中国有一个稷下学宫,是战国时期新兴地主阶级的官办高等学府,可称得上是世界上最早的大学。

战国时期,中央政府完全丧失权威,国家政治上处于诸侯割据,思想文化上呈现百家争鸣。钱穆认为:"所谓百家,乃如同司马迁《史记》鲁、卫、齐、晋之称为世家,而实是一无组织之大集团,而亦称之曰家。其称曰诸子,亦借用古代贵族阶级分爵:公、侯、伯、子,男之子。此辈虽系平民,乃亦约略相当于封建之贵族。贵族拥有土地,有土斯有众。此辈则拥有学术思想,亦拥有信受此学术思想之一批门徒,而形成一种共同精神,附随而有一种共同生活,亦约略仿佛于同时一小诸侯,唯无封土而已。故时人遂称之曰诸子百家。又称此等士为游士,因其非土著,不安居。"这个新兴的知识群体构成了"士人"阶层。身处乱世,这些士人穿梭于各个权力集团之间,推销政治思想、经济理论、工程技术等各方面的知识。他们形成了一股举足轻重的"国际性"的势力。正因如此,当时衡量一国或一个政治集团的实力,"士"的高下与多寡竟成为一项最重要的指标。"得士者昌,失士者亡"这句政治格言广泛地流传于战国晚期,各诸侯也充分认识到这一点,于是掀起了一波"礼贤"的浪潮。

战国七雄之一的齐国,为广揽天下之士,在国都临淄的城西门即稷门之外设学堂，以发展文化教育事业，史称稷下学宫。齐桓公首霸诸侯，齐国初强，稷下学官开始草创，先后经桓公、威王、宣王、湣王、襄王、建王六代，历时约150年左右，距今约2300年。它的创办之早、持续之长、规模之大，在当时的世界上也是独一无二的。

齐国经济繁荣，统治者雄心勃勃，有以一服八的壮志。在富国强兵的同时，在文化教育上实行开放政策，大办稷下之学，广召天下之贤才，为统一大业奠定思想基础和人才准备。

齐威王采纳邹忌的意见，广开言路，知人善用。魏惠王曾向他夸耀拥有光照几十丈的夜明珠十枚，问他"有否"。威王答"无有"，并申明他不以明珠为宝，而以人才为贵，他的许多勇将能臣是光照千里的人物，这是明珠所无法比拟的。一席话说得魏王无地自容。事隔三年，齐大败魏于桂陵，齐成为最强盛的国家，各国名士来者络绎不绝，齐国又成为战国时期的文化教育中心。宣王当政时，学宫已是拥有数千人的高等学府。

历代齐王在操办学宫时，都坚持乃祖遗风，给稷下先生以很高的政治地位和优厚的生活待遇，按等级给予俸禄。号称"稷下之冠"的淳于髡被立为上卿，孟子和荀子为卿。齐宣王时，邹衍、淳于髡、田骈、接予、慎到、环渊等七十六人列上大夫，大夫和学士还有近千人。凡为大夫者，均以康庄之衢、高门大屋尊宠之，薪俸超过一般官员。孟子出门时，"后车数十乘，从者数百人"；而淳于髡受赐千金，革车百乘，俨然一方诸侯的气派。如此尊礼是办好稷下学宫的关键，各国知名学者携其弟子云集齐国，稷下学宫简直成了一所"跨国性"大学。

稷下先生们还是齐王的智囊团，即所谓"不治而论"者，淳于髡和孟子曾受齐王之命出使诸侯。因而学宫由齐王直接掌管，来稷下的学者都要待机晋见齐王或经齐王召见，以问对并按学术水平、社会名望、带徒多少、资历条件分出等级。大家公推的学术领袖称"祭酒"，组织和掌管稷下举行的较大的学术活动，荀子曾三任祭酒，在诸子之中"最为老师"。

各学派名人大都办有私学,他们带着学生来稷下。所以稷下学宫虽为国立大学,它的基本细胞却是私学,它是个官办之下有私学、私学之上是官学的官私合营自由联合体。稷下对天下游士,来者不拒,去者赠送路费,并欢迎去而复返者。孟子第一次来稷下时因未受威王重视欲离去,威王赠金一百镒,孟子拒不接受,反而责备威王以货取君子。孟子第二次来稷下,受宣王器重而被列位于卿。齐伐燕取胜后,孟子建议撤兵,宣王未从,结果燕人叛齐。孟子便觉宣王对他虽礼貌有加,但言计不从,决心再次离齐;宣王愧对孟子,用"养弟子以万钟"为挽留条件,孟子以不贪富贵为理由加以拒绝。当时的大学者处处受尊重,但他们不以物质与地位为念,而关心统治者能否采纳其道,合则留,不合则去,齐国学者也能自由来去,自然而然地形成各国间的学术交流,稷下学宫因而能创造出高度发展的齐文化。

稷下的学生虽各有师承,但可以自由选择去听所有稷下先生的课,并不限于只就学于自己的老师。在这里拆除了学派之间的森严壁垒,打破了各家私学的门户之见,利于扩大学生的知识面,活跃学生的思想。稷下学宫是战国时期百家争鸣的殿堂,在学宫所召开的"期会"中,稷下先生和四方游士共聚一堂,自由讲学辩论,集中体现了百家争鸣的优良学风。学生可以参加辩驳,在学术上师生之间民主平等,相互促进,使稷下学宫的高材生也能居于当时学术的最高水平之列。教育质量不断提高,吸引众多学生来稷下游学。学宫蒸蒸日上,后继有人。

在稷下学宫,没有哪一学派能独据讲坛。百家争鸣之中,历代齐王不只尊一家,而任各派自由争辩。各个学派势力并不均衡,每一学派的地位也时有起伏。一个时期里,哪派首领的学术水平高、威望大,它就处于首要地位,这是自然形成的。黄老学派在稷下人多势众,有名望者多,常居于显要;淳于髡、孟子、荀子等人的思想也一度占据上风。战国末期,各派相互吸收,趋于融合,各国相继完成封建化,统一条件成熟,人心思治,学术求一。稷下学宫作为百家争鸣最集中的场所,在统一当时思想学术上贡献也最大,出现了兼采各家而自成体系的黄老学派和集各家之大成的儒家荀子学派,荀子的学说实为对百家争鸣的一个总结。

末代齐王虽仍广致人才,却是叶公好龙,存而不用,不听劝谏,稷下学宫由盛转衰。文化落后的秦国在灭掉齐国的同时,也毁坏了稷下丰富多彩的文化。公元前221年,齐国覆灭之时也正是稷下学宫这所高等学府的结束之日。

稷下学宫是战国时期文化和教育的缩影。它培养出诸多历史名人,如荀子、淳于髡、邹衍、邹奭、田骈、鲁仲连等人,而且他们几乎都有著作流传于世。它还产生和发展了不少新学派,如黄老学派、阴阳学派、儒家的荀子学派,对汉代的思想学术极有影响。在中国封建社会的两千多年间,官学、私学和书院继承了不少稷下学宫的传统与经验,稷下学宫的影响,一直保留在我国封建的学校教育当中,其中一些朴素的和民主的东西,应该发扬光大。

中国第一部教育学专著的作者

——教育家乐正克

我国第一部、也是世界第一部系统总结教学经验的教育学专著《学记》的作者,相传是战国时期的教育理论家乐正克。乐正克是孟子的弟子,思孟学派的代表人物之一。乐正克从总结当时的教学经验出发,吸取借鉴前人的教育教学思想精髓,撰著了光辉的教育专著。成篇时间大约在公元前四至三世纪。《学记》既充分总结和肯定了当时的教学成功的经验,又中肯地指出了教学的不足,并进一步提出了一系列很有价值的设想和意见,为后人留下了极其宝贵的精神财富。

《学记》共 20 节,1229 个字。篇幅较短,但内容完备丰富,它从教育目的,教与学问题,教学组织措施,教学的成功与失败,以至教师问题等方面作了系统的阐述。思想深刻,语言精辟。

《学记》明确指出办教育的目的,是为了"化民成俗"、"建国君民"。因为:首先,"王者"要巩固自己的统治,就要使人民的风俗习惯符合"王者"的利益,取得人民的拥护。要做到这点,"发虑宪,求善良,就贤体远"都实现不了,只有通过教育才能办到,说明教育的重要。其次,认为人性是善的,但如果不学习,就不懂得"王者"之道。这就像一块美玉,不经过雕琢,就不能成为玉器,只有通过教育,才能使人明白道理。这是说明教育的作用。为了提醒统治者的注意,在文章的结尾,再次强调办教育是"建国君民"的根本。也就是说,"王者"抓教育,这才是"务本"的事情。

《学记》在世界教育史上首次提出"教学相长"的命题。《学记》认为:

虽有佳肴,弗食,不知其旨也;虽有至道,弗学,不知其善也。是故,学然后知不足,教然后知困。知不足,然后能自反也;知困,然后能自强也。故曰:教学相长也。教与学是一种实践活动,没有这样的实践活动,就不知道它的好处。就像美味的佳肴一样,不吃是不能知道它的美味的。学生只有通过学习实践,遇到许多不懂的问题,才能感到自己的渺小,知识浅薄;教师只有通过教学实践,学生提出的问题解决不了,平时认为浅显的问题讲不明白,才能感到教学不是一件容易的事情,才知道对哪些问题还不清楚。"知不足"、"知困",才可能产生进一步学习的动力和进一步学习的行动。没有教与学的实践,也就无从谈起"知不足"、"知困"了。

"教学相长"本意是指教师自身要不断地向书本学习和向教育实践学习,但后来也将其引申为师生相辅相成,相互促进,彼此激励的良性关系。《学记》主张课内与课外相结合,课本学习和实际训练相结合,既要扩大知识领域,又要培养高尚的道德情操和良好的生活习惯。书中用较多的篇幅,阐述"教"与"学"的辩证关系。认为只有通过"学"的实践,才会看到自己学业方面的差距"学然后知不足",只有通过"教"的实践,才会看到自己知识和经验方面的贫乏"教然后知困"。看到差距,才能力求上进,看到贫乏,才能鞭策自己,从而得出"教学相长"的正确结论。

关于教学的组织管理,从行政组织管理上,《学记》认为首先应确定教育体系。"家有塾,党有庠,术有序,国有学。"

家、党、术、国是从地方到中央的行政区划。《学记》建议:在不同的地方行政机构中建立不同等级的学校,在中央建立国立大学和小学,以形成纵横交错的教育网络。塾、庠、序、学就是设在家、党、术、国的学校。这一提议对中国封建社会教育体制的形成影响极大,汉代以后,国家逐渐形成了中央官学和地方官学并立的教育体制。

学校建立学年制度和成绩考核制度。大学分两个阶段,前一段七年;后一段二年。每年都招生;每隔一年,要派人定期对学生进行一次成绩考核。

第一年,"视其离经辨志",考察阅读方面能否分析章句,思想道德方面能否确立高尚的志向;第三年,"视其敬业乐群"考察对学业态度是否专心致志,同学相处是否团结友爱;第五年,"视其博习亲师",学识是否广泛及与教师是否亲密无间;第七年,"视其论学取友",学术见解与交往朋友,合格谓之"小成";第九年,"视其知类通达强立而不反",学术上融会贯通和志向上坚定不移,合格谓之"大成"。

《学记》特别重视大学的入学教育和对学生日常行为的管理:"大学始教,皮弁祭菜,示敬道也。宵雅肄三,官其始也。入学鼓箧,孙其业也。夏楚二物,收其威也。未卜谛不视学,游其志也。时观而弗语,存其心也。幼者听而弗问,学不养等也。此七者,教之大伦也。"《学记》把入学教育作为大学教育的开始,要求在开学这一天,王子率领文武百官亲临学宫,参加开学典礼,用新鲜的蔬菜、水果等祭祀先圣先师,以表示尊师重道之意。开学典礼结束后,新生入学后首先学习的内容是《诗经》中的三首诗,即《鹿鸣》《四牡》和《皇皇者华》,这是三首君臣宴乐的诗,入学教育学习它们是为了告诉学生,大学教育是培养政府官员的,上了大学就是"官其始也",就等于踏上了仕途的第一步,就要思考今后如何才能做一名忠于君王、勤政爱民的好官。

入学教育结束之后,日常的教学工作也必须严格进行。上课的时候,学生只有听到鼓声才能打开书箧,把书取出来,目的是培养学生对待学业的严肃认真的态度。教师上课之前应准备好惩罚学生的教鞭,即"夏楚",目的是严肃课堂纪律,使学生不敢因懈怠而荒废了学业。天子委派的政府官员或天子本人不到夏季大祭完毕,不要到学校里来视察和考核学生的学业成绩,以使学生有更充裕的时间按自己的志趣从容地学习。教师在教学过程中,要经常考察学生的学习状况,及时发现问题,进行正确引导,但不要指手画脚说得太多,为的是能给学生独立思考的余地,让学生充分体会学习的乐趣,培养强烈的求知欲和自学能力。年幼的学生要注意多听少问,依循由浅及深的学习顺序,做到"学不哺等"。

《学记》认为:"大学之教也,时教必有正业,退息必有居学。不学操缦,不能安弦;不学博依,不能安诗;不学杂服,不能安礼。不兴其艺,不能乐学。故君子之于学也,藏焉修焉,息焉游焉。"在这里,《学记》辩证的解释了课内学习和课外实践之间的关系,其认为:大学的教学应当依规定时间进行课内教学,课外要根据所学内容进行相对应的实践。因为课外不练习好调弦技能,课内就完不成乐教的任务;课外不练习歌咏,课内就理解不了《诗》;课外学习不好洒扫应对等礼节,课内就学不好礼教。总之,不强调课外实际训练的重要性,就完成不了正课的教学任务。所以善于学习的人,课内要专心修习,课余要勤于实践。唯有这样,才能巩固所学。

关于如何搞好教学,列举了当时教育存在的五大弊病,阐明教学规律是不可"悖"的。在教育中存在的五大弊病是:第一种弊病是"呻其占毕",只是朗读,不让学生思考;第二种弊病是"多其言讯",烦琐的提问,一味的灌输;第三种弊病是"及其数进而不顾其安",只顾往前赶进度,不管学生能否接受;第四种弊病是"使人不由其诚",只从教者的愿望出发,不考虑学生的内心要求;第五种弊病是"教人不尽其才",教学一刀切,不发展学生的个人才能。指出成功的经验是必须坚持四点:第一,"预",就是在问题发生前做好预防;第二,"时",意思是抓住时机及时进行教育;第三,"孙",意思是循序渐进而不越级的进行教育;第四,"摩",意思是互相观摩、学习、取长补短。

关于教师,他认为制定必要的制度和措施,总结教育规律,这都是完成教学任务不可缺少的部分,但教师的重大作用却是不可忽略的。他认为教师的职责,是"长善救失",使学生"继其志",培养"为长为君"的人才。教师应该帮助学生发展长处,克服短处。使学生能够自觉地跟着教师,向教者预定的培养目标前进。怎样才能做到这一点呢?第一,要了解学生存在的问题。比如有的学生学习贪多,消化不了;有的学生不愿多学,孤陋寡闻;有的学生把学习看得太难了,缺乏信心,不求上进。之所以存在这些问题,是因为他们学习的深浅程度不同,资质好坏不同,心情特点不同。对这些问题,教师只有透彻的了解,在教学过程中分别情况提出不同要求,给予不同教育,才能补救他们的缺点,发展他们的长处。第二,要善于启发。教师要善于从正面引导学生向前看,鼓励他们的上进心,启发他们的求知欲望。第三,要善于运用语言。讲话不啰嗦,并且做到透彻而又扼要;准确而又流畅动听;用不多的事例,就能把问题说明白。

《学记》强调选择教师慎重,对教师要尊重,甚至连国君对教师也不能以臣礼相待。必须具备一定的条件,才能当教师。教师是培养为长为君的,政治条件很重要,还必须有渊博的知识。只有一点"记问之学",只靠事先备好的课,是"不足以为人师"的。教师要答疑,随时解答学生提出的问题,善于"听语"。为此,必须勤奋学习,像"良冶之子"、"良弓之子"那样,经常练习,达到熟练掌握的程度。即使有了渊博知识,也不能满足,还要边教边学,这才能当个合格的教师。教师要"善喻",因材诱导;要"善问","如攻坚木"那样,从易到难;要"善答问","如撞钟,叩小则小鸣,叩大则大鸣";要善于总结掌握教育"兴、废"之"所由"。

《学记》对先秦的教育理论和教育实践作了相当全面的概括和总结,论述了教育的作用、目的、任务以及教育制度,教学内容、原则、方法,教师及师生关系,并提出了独到的观点,被认为是"教育学的雏形"。

儒学大师

——教育家荀子

荀况,字卿,亦称孙卿,战国后期赵国人,先秦时期杰出的思想家和教育家。年轻时崇拜孔子,对儒学很有研究,时人尊称"荀卿",儒家代表人物之一。曾三次出任齐国稷下学宫的祭酒,后为楚国兰陵令。春申君死,荀子罢官,家居兰陵。韩非、李斯都是他的弟子。

荀子对于人性有着独特的见解。他认为,所谓人性就是人的自然本性,是所谓"生之所以然者"。其自然表现为"饥而欲饱,寒而欲暖,劳而欲休"。荀子认为人的这种天然的对物质生活的欲求如不加约束,最终会和道德礼仪规范相冲突。他认为人性"生而有好利焉""生而有疾恶焉""生而有耳目之欲,有好色焉",如果"从人之性,顺人之情,必出于争夺,合于犯纷乱理而归于暴"。因此,对于人之本性需要用礼义来引导和教化。荀子认为,凡是没有经过教养的东西是不会为善的。对于人性中"善"的形成,荀子提出"人之性恶,其善者伪也"。古文"伪"与"为"相通,指人经过思考分析之后作出的行动,特别指系统的学习过程,称之"伪",也就是礼义教化。

荀子认为,人们与生俱来的性情是相似的。"不事而自然谓之性","性者,天之就也;情者,性之质也"。荀子和孟子一样,认为食、色、喜、怒等是人的先天性情,是人情之所不能免,是人所共有的。但是,在性情与仁义的关系上,荀子则与孟子不同。孟子把食色和仁义都看作是出于先天的人性,其中仁义是大体,食色是小体;仁义好比是熊掌,食色是鱼。

荀子则认为人性只限于食色、喜怒、好恶、利欲等情绪欲望，不论"君子"、"小人"都一样。所以荀子说："材性知能，君子小人一也。好荣恶辱，好利恶害，是君子小人之所同也。人之生固小人，无师无法则唯利之见耳。尧、舜者，非生而具者也，夫起于变故，成乎修为，待尽而后备者也。"尧舜的本质和常人无异，他们之所以伟大，是因为经过了后天的学习和修行。

由此可见，荀子所论及的人性，其本质恰是无所谓善恶的"本始材朴"的自然之性，它既有转化为恶的可能，也有发展为善的机会。因此，荀子特别强调后天的学习。对于人性与生俱来的"恶"须要"师化之法，礼义之道"，通过"注错习俗"、"化性起伪"对人的影响，才可以为善。性和情是天生的，人不可干涉，也不应该干涉。但人的后天选择、思考、学习、行事，却完全取决于人，应该由人自己承当。所以，荀子非常重视后天的学习和教育。

荀子在认识论方面，是具有唯物主义因素的。他认为，人的认识器官，包括感官与心两个方面。感官分耳、目、口、鼻、形体（皮肤触觉）五种，叫做五官，五官各自接触外界一部分现象而得到感觉。心在体内，是总管五官的，它能根据五官所感受外界事物的印象而得到各种知识，这种心所知的叫做"征知"。"征"是审察的意思，"征知"是指对感官所得的印象进行审察。通过"征知"才能正确认识事物的真相。假使没有五官供给它所记录的印象，心亦无从审察而认识了。但是心虽能征知而不加以总结的说明和辨别异同，仍等于不知。荀子肯定知识的来源是从感官得到的，而真正的知识，必须经过心的审察，分别其异同，作出总结，才可谓真知。这种见解，是具有唯物主义因素的。荀子把认识论应用到教学上，把教学分析为"闻见"、"知"、"行"的学习过程。他说，"君子之学也，入乎耳，著乎心，布乎四体，形乎动静。"他说"不闻，不若闻之；闻之，不若见之；见之，不若知之；知之，不若行之；学至于行而止矣。……"

他把耳目感官所摄取的外界事物印象，作为感性认识的第一阶段；

把感性知识汇合在心中来运用思考,判断是非,得出结论,作为理性认识的第二阶段;然后再把学习所得的知识或结论"见诸行事",作为实践的第三阶段。这种主张"闻见"、"知"、"行"的学习过程,是具有积极进步的意义而极可宝贵的。

荀子在教学方法上主张学者必须重视自动,求学要从"求诸己"入手,而教者必须视学者诚心求学的态度,要求他们先问而后告,反对"不问而告"与"问一而告二"的教法,这是鼓励学者自动学习,有"不愤不启","不悱不发"的意思。他认为积土可以成山,积水可以成渊,圣人完全可从"积善不息"而致。专心一志,便可"锲而不舍,金石可镂",目的虽远,迟早有到达一日。他又主张在学习时,必须做到"虚壹而静",人必虚心,然后能接受外来的知识,不固执一己的成见,才能统一认识,静心考虑,才不致妄思乱动。这样,心中便会达到"大清明"的境地,而学习便会成功。荀子在教学上特别重视教师的地位与作用,他把师看得比礼还重要,与天、地、君、亲列在同等的地位。同时,他对教师也提出很严格的要求,所谓"师术有四,而博习不与焉"。他认为"博习"是做教师的基本条件,而更重要的是在教师自己能树立威信,精通学理,才能对学生发挥主导作用,才能使学生时常念念不忘其师。

各领风骚辩战国

——百家争鸣

中国古代社会中有个特殊的阶层，叫做"士"，崛起于春秋战国。士是单纯的脑力劳动者，并以自己创造的精神产品换取生活资料。他们已摆脱物质生产劳动，专门从事精神生产和理论探讨。士是物质劳动和精神劳动分工的结果，这一分工是社会飞跃前进的一大表现。

国君以士为官吏，称用士；以士为师友、为智囊团，称养士。由于统治者的需要与好恶不同，士人多而品杂，有武士、有策士、有学者、有教育家，等等。春秋战国之际，各国纷争，邦无定交，士无定主，以天下为己任。各诸侯广招天下之士，给士阶层的智慧和才能得以驰骋的机会，出现了诸学骤兴、百家争鸣的鼎盛形势。

此时期，正值奴隶制向封建制过渡，七国群雄都争相以新的方式统一中国，代表新兴地主阶级的成熟的思想理论尚未确立，各国国君都急切地寻求适合自己政治需要的上层建筑和意识形态。阶级矛盾和各国矛盾纵横交错，尖锐复杂，向社会各阶级各阶层提出许多问题。各阶级各阶层的思想家应运而生，他们根据社会历史条件安排自己的社会地位，构建自己的思想大厦，提出自己的理想王国。各派学者看问题的角度各异、深浅不同，但其治国之术皆有所长，皆有所用，是己所是，非人之非，都希望用自己的理论说服对方，为国君所采纳。因而他们采取公开辩论的方式进行争鸣。

百家争鸣，是表述那时学术繁荣的传统说法。春秋战国时的学术流派主要有：儒、墨、道、法、名、阴阳、纵横、杂、农、小说、黄老学、兵、天文学、医学等家，还有屈原独成一家。后来，儒分为八，墨离为三，学术派别虽然不够百家，也还众多，争鸣已足够声势了。

当时的诸子百家不仅仅是通古今之变的政论家，还都是颇具雄才的辩论大师。史称淳于髡为"炙毂过髡"，邹衍为"谈天衍"，邹奭为"雕龙奭"，田骈为"天口骈"，而名家更是向以诡辩著称。战国诸子为济世救人，不惜个人苦筋劳骨，不顾冷遇与反对，上说下辩，以推行其道。孟子和荀子也是四处奔波，走到哪里就辩到哪里，并以此为天经地义。孟子说："岂好辩哉？予不得已也。"荀子则说："君子必辩。"他们的话道破了百家争鸣的一个规律：辩则兴，不辩则亡。

百家争鸣中辩论的广泛与频繁，史所罕见。不仅各家学派相辩，同一学派也辩；不仅是先生与先生争辩，学生与先生也辩；不仅与学者论辩，和国王、宰相也辩。齐国的稷下学宫更是百家争鸣最集中的场所。孟子就经常同齐宣王辩论，有时竟使宣王无话可说，顾左右而言他。淳于髡曾和齐威王进行过两次辩论，和宰相邹忌也有过一次辩论，这三次辩论对齐国政局都产生了良好的影响。

在百家争鸣的辩论中，较典型的有鲁仲连和田巴之辩。名家学者田巴善辩，在稷下学宫为先生，诋毁五帝，罪责三皇，一日辩服千人。徐劫的学生鲁仲连年方十二，他认为田巴是夸夸其谈，不务实际，于是就登台与田巴辩论，他说："现在楚国驻军南阳，赵国征伐高唐，燕军十万围攻聊城，齐国危在旦夕，先生能有何策？要是无可奈何的话，先生的言论就好似枭鸟的叫声，出城而人恶之。希望先生不要再辩下去了！"这一席话把人们的注意力从抽象的理论问题，转移到现实问题上来了，从而折服了田巴。田巴对徐劫说："先生可称是飞兔，而鲁仲连是千里驹。"从此以后，田巴终身不再辩论，后来弃文就武，成为齐国大将，为国冲锋陷阵。

在当时争鸣中影响最大的有儒、墨、道、法四家，其教育思想也很有代表性。儒墨之辩揭开了百家争鸣的序幕，他们是世之显学，又是百家中的首起者。儒家对教育目的的观念，是培养士和君子，并推荐他们从政。虽然孔子主张"有教无类"，却仍坚持上下有别。墨子是要培养有兼爱之心的"兼士"，并明确提出以"农与工肆之人"为教育对象。因为墨子是小手工业者出身，他的思想更接近下层。孔子提倡"仁政"，墨子主张"兼爱"。墨子批评儒家的仁之中"爱有差等"，应该"以兼易别"；孟子坚持"亲亲，仁也"，并攻击说"墨氏兼爱，是无父也；杨氏为我，是无君也。无父无君，是禽兽也。"双方论战，同为显学，势不两立。

道、法两家也都力驳儒、墨的教育思想。道家的创始人老子是个"隐君子"，为奴隶主阶级的开明派。他对奴隶制度及其教育作了较为深刻的批判，却要无可奈何地希望复归于"小国寡民"的原始社会，否定道德和教育。他认为儒、墨两家的教育只会使天下大乱，他要求"绝圣弃智"、"绝仁弃义"、"绝学无忧"、"绝巧弃利"，废除一切物质和精神文明。他的教育更是"不言之教"，有虚无主义的倾向。老子的继承人庄子，发展了老子学说的消极方面，把自然界与人类社会对立起来，认为仁义和礼乐都是戕害人的刑罚，儒、墨各家的教育破坏了人的自然性。黄老学派则发展了老子学说的积极方面，采儒、墨之长，比较重视教育，成为新兴地主阶级的派别。

法家力主耕战，以法治国，尊君废贤。他们重视对社会的法制教育，而反对学校教育。商鞅更把"六经"等著作和仁义、兼爱等道德规范，看成是寄生在社会上的虱子；韩非又明确提出，以法为教，以吏为师。他们的文化专制主义思想，则是对战国时期繁荣的文化教育的一个大反动。

百家争鸣，推动了战国时期科学、文化和教育的繁荣和发展，奠定了中国传统文化的基础，后代尤其是文化思想的发展重点都没有超出战国百家的范围。但诸子百家的历史命运是不同的。儒家思想因为合于封建统治阶级的需要，而成为历代王朝的治平之术和文教政策。墨家思想代表小手工业者的利益，反对阶级性和等级性，被封建阶级所舍弃，只能随历史而泯灭。道家思想反映着没落阶级的不平之怨,宣扬倒退观点,魏晋时期则被消极颓废的地主阶级所津津乐道;黄老学派的德法结合、无为而治,曾是汉初的统治思想。法家思想中的封建专制主义深得秦始皇的欢心,因而成为秦代的统治思想,并直接导演出"焚书坑儒"。

提出"罢黜百家,独尊儒术"的古博士

——教育家董仲舒

董仲舒,河北广川人,生于公元前179年,死于公元前104年。他在幼年时就好学不倦,专心研究《春秋》,以"三年不窥园"和"乘马不知牝牡"的精神专心苦学。汉景帝时,他得到博士学官。汉武帝时,大举天下贤良文学之士,董仲舒应征,以贤良对策取得第一名。

董仲舒一生,共有两个讲学时期:一个时期在青年,一个时期在老年,其余的时间,全部消磨于政治生活中。他在汉景帝时为博士学官期间,讲学所采用的方法,非常特别,即在幕后讲诵,由程度高的弟子传授给程度低的,再由程度低的传授给更低的。直接听讲的,只有少数资格最老、程度最高的学生。因此,多数学生甚至不能见他一面。由于他的"进退容止,非礼不行",所以一般学者都尊称他为老师。

董仲舒的政治主张,主要是神化汉代政权。主张"君权神授"之说,以提高君权,树立中央集权的君主专制制度,进一步巩固封建统一政权。

董仲舒把教育当作实现其政治思想的工具,提出了三大文教政策的建议,兴大学,重选举,独尊儒术,都被汉武帝采纳,付诸实施。他要求武帝不仅要求贤,而且要养士。养士以大学为重要,"故养士之大者莫大乎大学,大学者贤士之所关也,教化之本源也"。他认为:"兴大学,置明师,以养天下之士",同时他提出选士,建议各级官员发现、推荐、选拔社会上人才,给他们以参加政权的机会。

董仲舒的养士政策,主要针对中央政府"削藩"之后所产生的不良影响。从此，士人阶层有了进入统治集团内部的正式途径，社会言论和势力由离心力转变为向心力。董仲舒把教育掌握在统治集团手中，使其变成了培养统治人才，控制社会思想的工具。

董仲舒认为，无论是学校养士还是国家选士，都必须有统一的标准。否则，百家殊方，法制数变，君主无所持，百姓无所从，仍然很难实现思想上的统一和政治上的稳定。因此，他建议道："春秋大一统者，天地之常经，古今之通谊也。今师异道，人异论，百家殊方，指意不同，是以上亡以持一统；法制数变，下不知所守。臣愚以为诸不在六艺之科，孔子之术者，皆绝其道，勿使并进。邪僻之说灭息，然后统纪可一，而法度可明，民知所从矣。"

在这里我们要注意到，董仲舒的"独尊儒术"主要针对太学中的博士设置，也就是说，太学中的教育内容只限于诗、书、礼、易、春秋和孔子，其他各家，包括孟子、荀子都被排除在外。这并不意味着政府对其他各家学说的禁止，在社会私学中，各家学说是自由的。中央只是把儒学定位为国家的主流意识形态。换而言之，中央政府不可能把百家思想都作为治国理念。事实上，董仲舒之后的儒学已经演变为各种思想的综合产物。因此，汉代和秦代同样都是中央集权式的统一政权，都面临着统一意识形态的问题。不同的是秦代采取了强硬的封堵方式，而汉代采用了柔性的疏导策略。

董仲舒把人品分为上、中、下三品，即圣人、中民和斗筲。上品之性不仅生来是善的，并且是超善的，社会"善"的标准和具体内容，是由他们制定出来的。下品则是社会最底层的劳动人民，他们的性生来就是恶的，算不上是人性。中品人具有善的因素，但必须受教育之后才能为善性。他认为，教育不只可以防止恶性，培养善性，而且，万民从利就如水流一样，如不施以教化就不能停止。教育像冶陶器和冶金一样，可以随意铸造，培养各种类型的人。他说："夫上之化下，下之从上，犹泥之在钧，唯甄者之所为；犹金之在熔，唯冶者之所铸。"从"天人感应"学说出发,他认为人心和天心是相连的,"天命"是人的认识能力的源泉。真正的知识不是对事物的认识,而是要知道事物的本心。而要体察事物的本心,就只有依靠内视反听的内省方法。天人之间可以同类相动,人的内心有什么想法,天就会以类相应,所以人求雨则雨。他要求学习以儒家六经为教材,教师要达到圣化的地步,注意受教育者的才性,要从容引导,不急不缓。他既强调教的作用,也注意学的作用,说:"常玉不琢,不成文章;君子不学,不成其佳",要求学生专心努力。

他又认为,人生来就有善善恶恶之性,仁、义、孝、悌等德性都是天赋的,要求人民安于贫贱,不要为了利而去斗争。"正其谊,不谋其利;明其道,不计其功"。一个人的修养方法要偏于"正我",要求自己要严,待人要宽。改己之恶,不攻人之恶。"礼"则是"序尊卑、贵贱、大小之位,而差外内、远近、新故之级"的手段,有着体情防乱的重大作用,要求人们"非礼而不定,非礼而不动","以中和养其身"。对于道德教育的方法,要"行其天性之所好,而压其情之所情者",先教道德知识,然后养成道德行为。

董仲舒的道德教育思想源于其神学化的儒学。董仲舒从"天意在任德教,而不用刑罚"的观点出发,十分重视道德教化,他把道德教化视为防奸止邪的堤坝。所谓道德教化就是在全社会进行儒家伦理教育。儒家伦理道德的核心就是君臣、父子、兄弟、夫妇、朋友这五种人际关系,即"五伦"。处理"五伦"关系的道德信条应该是仁、义、礼、智、信,即"五常"。在"五伦"之中,董仲舒最重视君臣、父子、夫妇这三伦,他以"天意"在"尊阳抑阴"为理论根据将这三者之间的等级关系、主从关系绝对化。这就是所谓的"王道三纲":"君为臣纲、父为子纲、夫为妻纲"。"王道三纲"发展至后世,成为中国帝制社会的伦理学基础,"三纲"与"五常"合称,则成为中国封建社会道德教育的基本内容。

博通众流百家之言的唯物主义者

——教育家王充

王充,字仲任,会稽上虞(今浙江上虞县)人。生于东汉建成三年。他的祖先本是魏郡元城(今河北大名)人,曾因参军有功,被封于会稽阳亭。但不久就取消了。住在会稽,依靠耕田种桑过活。后来,王充的祖父王汎率领全家迁居钱塘县,专以买卖为业。王汎生二子,大的王蒙,小的王诵(王充的父亲)。王蒙与王诵在当时依仗自己的勇武,专打抱不平,与当地土豪丁伯结成深仇,因之把全家迁到上虞去居住。

王充六岁时读书,八岁入书馆。同学百余人都因过失受到老师的体罚,而王充不犯过失,习字完毕,跟随老师学习《论语》和《尚书》,一天可以读熟1000多字,不久就把经读完了。到20岁左右,就被保送到京师,入太学受业,观天子亲临辟雍,曾作《六儒论》,并拜当时著名的儒家大师扶风人班彪为师,爱好博览群书而不守章句的拘束。后来经学搞通了,德业也成就了,就离开师门进行自己的专门研究工作,所读书籍也日益广博。王充家贫,无力买书,时常到洛阳书铺中去阅读当时在太学里所不易读到的书籍。由于他记忆力强,一经过目,便能背诵不忘,所以能够"博通众流百家之言"。

从哲学思想上看,王充敢于在东汉王朝统治者大兴谶纬迷信的时代,高举"疾虚妄"的旗帜,提出了唯物的合乎自然发展规律的宇宙观,公然批判了那些宣扬迷信和神权的各种谬论。

王充唯物主义的哲学思想还表现在他敢于反对"奉天法古"的思想。

他认为古人和今人相齐,古今无异,没有理由说古人总胜于今人,法古非今。他认为汉代比过去进步,从而肯定了历史是不断进步的。这种唯物史观与"天不变道亦不变"的思想是完全对立的。

在人性论问题上,王充虽然没有超出孟子、扬雄等人把人性分为上、中、下三等的论述,但他摄取了墨子关于"人性如素色之丝"的观点,认为人性虽有善恶,但可由环境和教育改变。

受其人性论观点的支配,王充肯定了教育的作用。认识到通过教育不仅能陶冶儿童的本性,还能把人培养成能"知大圣之事,晓细民之情"的人才。他说:"蓬生麻间,不扶自直,白纱入缁,不练自黑",说明环境和教育对人影响之大。同时他还以把骨玉创造成宝器为例,说明凡是经过教育,总能够"反性治性","尽材尽德"。

在教育内容上,王充在承认把礼、乐、射、御等作为主要内容的同时,又认为礼乐虽然能作为治性节情的工具,却不是在任何情况下都会有效,而必定要在人民生活安定的条件下,才能发挥其作用。他说:"故礼义在身,身未必肥,而礼义去身,身未必瘠而化衰,所谓有益,礼义不如饮食。"即礼义之于饮食,只能是第二位的。

为了培养尽材尽德的人才,王充在教育教学方法上,提出了精辟的见解。首先,他从自己"人性论"的观点出发,否定了"生而知之"的说法,肯定一切知识都来自后天的学习。而学习又必须靠耳、目感觉器官获得。他还认为:由耳目获得的知识仅仅是感觉的经验,是不够的,还应借助"心意"获得理性知识。他说"故是非者,必干心意"。他要求开动脑筋进行理性思考。只有这样,才能分辨是非,判定真假。但怎样鉴别事物的是非正误呢?他提出了要"效验"和"存证"。凡符合事实效果就正确,否则就错误。他说:"引物事以验其言行"。这就是他注重"效验"的教学方法论。

王充一生只当过地方的低级官员,他这样评价自己坎坷的仕途:"操行有常贤,仕宦无常遇。贤不贤,才也;遇不遇,时也。才高行洁,不可保以必尊贵;能薄操浊,不可保以必卑贱。或才高行洁,不遇,退在下流;薄能浊操,遇,进在众上。世各自有以取士,士亦各自得以进。进在遇,退在不遇。处尊居显,未必贤,遇也;位卑在下,未必愚,不遇也。"这里面有对于自己机遇不佳的无奈,也有对那些才能低下,却能高官厚禄者的愤慨。

东汉时代,儒家思想在国家政治中占支配地位,经过两汉的修正之后,儒家学说已经神学化。天人感应、谶纬之学充斥了社会的每一个阶层。社会环境和个人遭遇使王充没有机会把自己的理论应用到政治实践中去,于是,他将更多的精力用于著书立说之上。他大约前后用了30年写成《论衡》。"衡"字本义是天平。王充说作《论衡》是因为:"伤伪书俗文,多不实诚,故为论衡之书",其目的就是:"冀悟迷惑之心,使知虚实之分"。矛头直指当时的儒家谶纬之学。

《论衡》对于各种具体实例进行了科学的分析,全面地批判了以神秘主义为特征的汉儒思想体系,系统地论述了朴素唯物主义思想。《论衡》不仅对汉儒思想进行了尖锐而猛烈的抨击,而且它还批判地吸取了先秦以来各家各派的思想,特别是道家黄老学派的思想,对先秦诸子百家的"天道"、"礼和法"、"鬼神与薄葬"、"命"、"性善和性恶"等等,都进行了系统的评述。因此,《论衡》又被誉为"博通众流百家之言"的古代小百科全书。后人有的认为王充在书中"诋訾孔子,厚辱其先"。也有人认为这本书是"疾虚妄古之实论,讥世俗汉之异书"。由于《论衡》对于儒家"天人感应"思想的批判,触及到统治者"君权神授"的统治基础,故遭到当时以及后来的很多统治阶级的冷遇和禁锢,将它视为"异书"。

据说蔡邕(公元189年)来到浙江,看到《论衡》一书,如获至宝,密藏而归。蔡邕的友人发现他自浙江回来以后,学问突有大进,猜想他可能得了奇书,便去寻找。果然在他帐间隐蔽处发现了《论衡》一书,便抢了几卷就走。蔡邕急忙叮嘱:"此书只能你我共读,千万不要外传。"友人读后亦称"真乃奇书也"。可见这本书在王充死后100多年之后也未能公开发表。

　　作为一个伟大的思想家、教育家,王充的杰出贡献就在于他勇敢地批判了封建神学,建立了一套唯物主义的哲学体系;在于他提出了一些唯物主义的教育思想主张。

古代家训之祖

——教育家颜之推

中国传统上非常重视家庭教育，家长们以身作则，严行家教。战国时期就有"孟母三迁"的故事，"子不学，断机杼"；宋代又有杨家将满门忠烈，岳母教岳飞"精忠报国"，等等。有教则有训，为了鼓励子孙继承家业，家长们立下家训，用自己的经历体验以及儒家教育思想教育后代，三国时期有诸葛亮的《诫子书》，北宋有司马光的《家范》，至明清时代更是层出不穷。但是称得上我国封建时代第一部系统完整的家庭教科书的，当推南北朝时的《颜氏家训》，其作者为博学而有思想的颜之推。

颜之推曾感叹自己是"生于乱世，长于戎马，流离播越，闻见已多"。魏晋南北朝时期被史学家称为中国历史上的"离乱年代"，国家分裂，政治变幻，战乱频仍，政权更迭，士族巧取豪夺，人民灾难深重。魏晋时代表士族地主阶级利益的司马氏和代表庶族地主阶级利益的曹氏两个官僚集团之间，进行了鲜血淋漓的残杀，得失骤变，生死无常，人人自危。士族地主悲观失望，终日谈玄，放浪形骸；庶族地主也不满政局，纵酒论玄，放荡不羁。玄学因研究《老子》、《庄子》、《周易》这号称"三玄"的书而得名，并由此而风行。

颜之推出身于士族家庭，早年受儒学传统熏陶，他的家庭世传《春秋》、《周官》等专门学术。因文才出众，他得到梁湘东王萧绎的赏识，19岁即任国左常侍。但是颜之推生活经历十分曲折坎坷。因大将侯景背叛梁王，颜之推一度被俘。后来，萧绎称帝，颜之推去江陵投奔他，被命为散骑侍郎,参加校订史籍的工作。公元554年,西魏灭梁,颜之推同王公百官一道被俘,但他不愿为西魏政权效劳,趁黄河涨水之机,他冒着生命危险带全家乘船逃奔北齐。他受到北齐统治者的重用,官至黄门侍郎,主持过文林馆事,主编了不少部书,有《修文殿御览》、《续文章流别》、《文林馆诗府》等等。577年北周灭北齐,颜之推被召为北周的御史上士。581年隋灭北周,他又担任隋朝学士,之后抱病而死。

颜之推的一生经历,磨难重重,先后为四个王朝效力,多次成为亡国的人。在统治集团的掠夺兼并战争中,颜之推凭他的学问,于动荡时代找寻出路,而其政治地位和私家财产无可保障。他又看到士族子弟生活堕落,政治腐败,感觉危亡将至。因而到了晚年,为保持家族的传统,教育子孙,颜之推写就《颜氏家训》,用历史和现实的事例阐明封建士大夫的立身治家、求学处世等道理,将他广博的学识与丰富的经历融于其中。

《颜氏家训》有二十篇,包括"教子""勉学""慕贤""治家""涉务""养生""归心""文章""音辞"等内容。其中论家庭教育、士大夫教育以及治学的态度和方法等问题,探讨深入,又独具特色,有好多话语至今仍脍炙人口,如:"与善人居,如入芝兰之室,久而自芳也;与恶人居,如入鲍鱼之肆,久而自臭也","人生小幼,精神专利,长成以后,思虑散逸,固须早教,勿失机也","父母威严而有慈,则子女畏而生孝矣","幼而学者,如日出之光,老而学者,如秉烛夜行,犹贤乎瞑目而无见者也",等等。

颜之推认为,一个人的发展,幼年时期是奠定基础的重要阶段,他特别提倡幼儿教育要及早进行。他指出:"人生小幼,精神专利,长成以后,思虑散逸,固须早教。"又在《教子》篇中说:"当及婴稚,识人颜色,知人喜怒,便加训诲。"这种观点与我们当代所强调的早期教育思想是一致的,符合儿童身心发展规律。

颜之推认为,家庭教育的关键是处理好教育子女和爱护子女的关系。他认为,不善于教育子女的父母往往只爱无教,或只教无爱。"吾见世间无教而有爱,每不能然,饮食云为,恣其所欲,宜诫翻奖,应呵反笑。"很多父母对孩子只爱不教,在生活上完全放任。孩子做错了事本该训诫反而奖励,使儿童不能树立正确的是非观念。"少成若天性,习惯成自然",孩子恶习已成,再去改造他,则悔之晚矣。爱中要有教,才是最大的爱护。

颜之推认为儿童时期是学好语言的关键期,他指出:"吾家儿女,虽在孩稚,便渐督正之,一言讹替,以为己罪。云为品物,未考书记,不敢辄名。"

除了教育方法,书中还列举很多历史事例,评说做人的道理。颜之推告诫儿孙,学习是为了修身利行,而不是把它作为谈话和谋官的资本。他以古人和今人对比的方式批评当时的不正学风。他说:古之学者为己,以补不足也,今之学者为人,但能说之也;古之学者为人,行道以利世,今之学者为己,修身以求进也。夫学者犹种树也,春玩其华,秋登其实;讲论文章,春华也,修身利行,秋实也。颜之推反对刻意追求为官,认为"信由天命",他说:"时运之来,不求亦至","风云不与,徒求无益","君子当守道崇德,蓄价待进"。做人要心胸坦荡,保持气节。

在封建家学发展史上,《颜氏家训》是一个重要里程碑。颜之推的生活与社会经历,丰厚的学问和思想,使他对社会对人生有着更为深刻的认识,剖露人情世故,立论引经据典。把封建士大夫的立身、治家、修学、处世等等问题都包括在其中,使它成为我国封建时代家训的集大成之作,成为中国封建社会第一部完整而系统地论述家庭教育的教科书。宋明理学家对这本书特别重视,朱熹编《小学》时曾经取材于此,后代作训也都溯源于此,所以人称"古今家训,以此为祖",颜之推在我国古代家庭教育史上的地位,也因之比较显要。

以教为本大一统

——从焚书到独尊儒术

秦汉是中国历史上非常重要的一个时期,中央集权式的封建帝制从此确立,与之相适应的意识形态和教育模式也随之形成。

秦始皇把传说中三皇五帝的称号合而为一,号称"皇帝",这是封建国家的最高统治者,拥有至高无上的权力,独揽全国的政治、经济、军事、文化教育大权。战国以来,"田畴异亩,车涂异轨,律令异法,衣冠异制,言语异声,文字异形"。秦灭六国,结束了诸侯争霸的动荡局面,为了维护和巩固中央政府的权威,增强民众的向心力。新的统治集团采取了一系列的整合措施。例如,书同文,车同轨,统一货币和度量衡,而教育思想的统一更是重中之重。

西周以来,教育资源包括文字、器物、礼仪知识等都掌握在皇权手中,官方虽然办教育,但都属于贵族教育。春秋之后,中央政权失去权威,教育资源和教师流落到诸侯,在野的学者,比如孔子,就可以开展平民教育。私人教育固然活跃了学术氛围,但是学术思想繁杂,意识形态混乱。秦朝统一之后,就想把当时社会私人教育的新风气、新运动收归政府,由政府来办理。于是在政府中设置博士。博士类似国家最高学术机构,博士官虽受政府禄养,但不负实际政治责任,只备顾问,供参议,而同时还可以收纳弟子,因此也兼有传播学术的身份。博士官类似于战国时代,齐国的稷下先生。博士官大约有七十人。这些人很多来自东方六国,包含儒、道、阴阳等各家思想。可见,秦初对于东方各种思想还是采取包容的态度,或者可以说,秦朝统治者打算观察一下,以判断哪些思想是可利用的。

商鞅的法家政治使秦国完成称霸的伟业,秦始皇更把法治精神贯彻到各种制度之中,欲善施明法,以经纬天下。秦的文教政策是以法为教,以吏为师。这是源于韩非的一个深得皇帝欢心的说法:"君主圣明的国度,应该没有书简传下的古代文化来影响风俗,只需用法制律令教育人民;没有所谓的先王遗训扰乱思想,只以朝臣大吏作老师。"它把战国时期按照学术自由原则建立起来的私学,通通予以禁止。而且秦代十五年,甚至没有一所载于史册的学校。这种文化专制主义限制了学术和言论的自由,直至发展到嬴政用暴力手段对付儒家学派的崇古思想。

秦政府的博士,包括各学派的学者,以法、儒、道三家为主。道士为秦始皇炼长生药,专施法术;儒生对君主歌功颂德,大讲仁义;法家人物向嬴政痛陈法制利害,使之赋予权力。八仙过海,各显神通。秦始皇严施法治,持不同政见的儒生往往非议政事,儒法对抗十分激烈。

由此我们可以看到,国家的意识形态只能主推一种主流思想,不可能多种思想并举。对于其他各家思想的规范只是欠缺一个时机。

嬴政大帝东行踏遍名山大川,每到一处即立石碑为纪念,夸耀他征服六国,统一海内的丰功伟业,儒生的这些杰作使其龙心大悦。始皇三十四年,群臣在咸阳宫摆酒为嬴政祝寿,周青臣大赞皇帝废分封立郡县,使百姓安乐,认为自上古以来无人比得上这种威德。儒学博士淳于越不同意这种观点,他说:"从前商周两个王朝,立国近千年,主要原因是在分封儿子兄弟与功臣为王,作为枝叶相互辅助。现在陛下虽富有世界,可您的儿子们却跟平民一样,一旦发生危机,便没有人能相救。凡事不效法古人而能长久的,至今还闻所未闻。"最后一句话,是儒家学说的中心思想。

这是对秦王朝立国精神的挑战。于是宰相李斯坚决反驳:"五帝的制度没有重复,三代的制度也不相因袭,各用自己的制度并非有意要反古,而是时代前进所决定的。陛下创立大业是万世功勋,儒生鄙陋,不能领略新的局面。淳于越所说是原始时期的旧事,怎能作为当今的政治?儒生不向时代学习,只一心一意地崇拜古人,用虚妄的议论打击新生事物,是古非今,扰乱民心。他们私下讲学,教唆人民,反对法令,巷议朝政。这样于国家统一及政令推行十分有害,如不加禁止,皇帝的威严就会降低,朋党也会在下形成。"

李斯建议:只保留秦国的史书,其他国家的史书都焚毁;《诗》、《书》及诸子百家之书只有博士官可以保留,民间的都限期交出烧毁;医药卜筮种树之书民间可以保留;称赞过去的而议论现在政策的灭族;禁止私学,想学法令的人要以官吏为师。

在此之前,始皇二十九年,嬴政在博浪沙险些遇刺。这说明六国的反抗运动依然激烈。因此,加强对民间的思想控制是非常有必要的。而"复古"就是对复辟六国的言论支持。于是,秦始皇下旨同意"焚书"。这里我们要注意到,所谓焚书,不仅焚烧了儒家的经典,其他各家的书籍也遭到销毁。而且只是禁止民间拥有这些书籍,国家依然保存着这些书籍。禁止"私学"是和焚书相配套的政策。目的只有一个,就是约束社会的言论和思想,维护中央集权在意识形态上的绝对领导权。

秦政府虽然禁止了民间私学,但是,朝廷并没有制定出一套替代方案来填充这一空白。因此,焚书反而使社会的思想愈加混乱,反抗情绪更加激烈。很显然,法家采取了"堵"的方法来维护社会的稳定。这注定不能达到长治久安的目的。在这里,我们可以清楚地看到,教育是社会思想的缰绳,掌握住民众的教育,也就控制住了意识形态的走向。

秦朝覆灭之后,民间的私学又昌盛起来,其中最强的是儒家和道家。汉政府允许私学,并且在中央依旧设置博士,由百家学者充任博士官。文景之时,随着国力的增强,意识形态出现了由无为到有为、由道家向儒家的嬗变趋势。博士之数达到七十余人,百家杂陈而儒家独多。儒家的

《书》、《诗》、《春秋》以及《论语》、《孝经》、《孟子》、《尔雅》都有博士，其中《诗》博士有齐、鲁、韩三家，《春秋》博士有胡毋生、董仲舒二家。这为汉武帝选择儒家思想作为国家政治的指导思想提供了条件。武帝即位时，汉朝历经文景之治，社会经济已得到很大的发展。与此同时，随着中央政府势力的逐步强大，从政治和经济上进一步强化专制主义中央集权制度，已成为封建统治者的迫切需要。在这种情况下，主张清静无为的黄老思想已不能满足上述政治需要，更与汉武帝的统治思想相抵触。而儒家的春秋大一统思想、仁义思想及君臣伦理观念，又恰恰与汉王朝当时所面临的形势和任务相适应。于是，在思想领域，儒家思想终于取代了道家的统治地位。然而，汉武帝同样面临如何统一全国思想，加强中央领导的问题。

元光元年，汉武帝征召天下著名儒生入长安策问。儒生董仲舒提出："诸不在六艺之科孔子之术者，皆绝其道，勿使并进"，应"罢黜百家，表章六经"，汉武帝立即表示赞同，并以此为契机，首先对太学进行清洗，将不治儒家《五经》的太常博士一律罢黜，排斥包括黄老在内的百家之言于官学之外。其次，逐步将通晓儒家经典，作为选官的必要条件之一，这对于民间的私学教学内容有着很强的引导作用。

汉武帝吸收了秦亡的历史教训，运用改革文化教育的方式，选择适合中国封建宗法社会的儒学作为治国与学术的指导思想，以达其实施思想统治的目的。这就是"罢黜百家，独尊儒术"。

值得注意的是，虽然"罢黜百家"，但在民间私学中依然可以学习诸家学说。"独尊儒术"，也只是在官学中推行了儒学，并在政治实践中以其为理论依据。这时候的儒学已经杂糅了道家和法家等诸子学说，成为了一个新的理论体系。

由"焚书"到"独尊儒术"，儒学经历了一个否定之否定的变化。西汉初年，黄老学派占据优势，统治者采用无为政治，以使百姓休养生息。因为郦食其帮助刘邦驰说诸侯有功,叔孙通为汉高祖制订朝仪有方,使汉高祖改变了对儒生的看法,并用"太牢"祭祀孔子。汉惠帝时废除了挟书律,儒学的研究和传授随之活跃起来。为补救"焚书"之后的古籍散佚,儒者们纷纷搜罗先秦的遗文片简,并结合当代情况撰写论文,使学说内容更切合社会实际,从理论建设上进行了从先秦儒学向董仲舒儒学的转变。

儒学在两千多年的历史中,经历两次重大改变:一是汉代董仲舒塑造的神学化的儒学,一是宋代朱熹塑造的理学化的儒学。董仲舒在坚持以孔孟为代表的邹鲁文化传统,并把"三纲五常"置于绝对权威地位的同时,又吸收了燕齐文化的阴阳五行、神仙方士和三晋文化的刑名思想,以新的儒学体系为汉代制定政治、经济、文化教育政策提供理论依据,享有"汉代孔子"的雅誉。董仲舒被举为贤良文学之士后,汉武帝对他进行了三次策问,董仲舒的三篇对策颇得汉武帝赞赏。他从天人关系的角度论证了封建政权及其伦理道德的合理性,提出"君权神授"、"三纲五常"皆源于天等重要命题,以及三大文教建议,并成为汉代文教政策改革的主要内容。所谓三大文教建议,简而言之即"罢黜百家,独尊儒术";置明师,兴太学;重选举,广取士。其中定儒学为一尊是核心。所以古代史学家多认为,"独尊儒术"是汉武帝与董仲舒君臣撮合而成,一个是为建立"大一统"帝国的需要,一个是出于争夺学术地位的需要,三道策问,一拍即合。

曾为秦朝博士的儒家学者叔孙通向汉高祖进言:"夫儒者难与进取,可与守成。"儒家学说集以往文化之大成,对于治理百姓有一套符合我国封建宗法社会国情的办法,渐受汉代统治阶级的推崇。首先,以宗法制度和思想驾驭天下。中国的封建社会改造并保留了奴隶社会的宗法制度,用血缘亲属的网络把散漫的个体家庭凝聚成组织严密的宗法共同体,强化君权父权。董仲舒又提出"君为臣纲、父为子纲、夫为妻纲"的

"三纲"之说,和"仁、义、礼、智、信"五种伦常观念,进一步强化宗法思想,并有助于巩固中央集权。第二,主张推行"仁政"。儒学把统治与服从的政治关系涂上宗法观念的温情色彩,这种政治伦理化对地主阶级有一定的制约。汉初儒家将仁政与法治结合,主张以德为主、以刑为辅,重视道德教化,提高吏治水平,有助于缓和阶级矛盾。第三,以天道人情教化百姓。封建统治者需要借助宗教神学的力量加强统治,董仲舒的"君权神授"说,为君主专制的合理性提供了神学的论证。儒家的纲常名教又与历史上长期形成的风俗习惯相联系,平易近俗,儒家教义能深入百姓的日常生活,发挥"一民心、齐民俗"的教化作用。

"独尊儒术"改变了秦代的以法为本的教育政策,儒家学说的核心是以教为本,把教育提高到治国、平天下的战略地位,自此使我国形成了重视教育的优秀传统。另一方面,"独尊儒术"意味着统治者把教育看作高于暴力的政治统治手段,促成了教育的政治伦理化。儒者认为教育的政治作用不在于以法教民,使百姓不敢为非作歹;而在于用纲常名教化民易俗,让百姓耻于为非作歹。以人伦道德为教,由此借助朝廷的力量推行于全国,渗入社会生活的各个领域,维护和巩固封建统治,对形成我国独特的良风美俗也有重大影响。

"独尊儒术"实现了教育的儒学化。汉代兴太学、设学校就是以儒经为教育内容,察举取士制度中各科也都重儒经,且特立明经科,表明对学习儒经的高度重视和大力提倡,使汉代讲习儒经成风。但是"独尊儒术"结束了"百家争鸣",毕竟有它限制学术思想自由发展的消极作用,促使教育内容单一化,使文化教育完成了适应地主阶级的新兴封建制度的重大改革。

不论是"焚书",还是"独尊儒术",都是统治集团对于意识形态的选择过程中的插曲。历史表明,采取暴力方式压制社会思想,所产生的效果都不尽人意,有的甚至适得其反。对于思想言论不能简单地阻塞,而要采取疏导的策略。历史经验表明,控制社会思想的最佳手段就是教育。儒家思想的最根本教育内容是三纲五常,其教育目的是使民众理解并接受一系列的等级制度,它不但是社会秩序的规范,而且是民众行为的准则。教育是社会的稳定器,它比暴力更有效,更长久。教育思想和政治制度是相辅相成的,有什么样的政治制度就有什么样的教育思想。

同时,我们要注意到另外一个问题,教育思想并不是由统治集团创立和提出的,各种思想理论都来自于士大夫阶层。士大夫阶层虽为统治者服务,但往往又以政治主体自居,他们是要与皇帝"共治天下"。士大夫一方面不断更新理论思想,用以维护皇权的正统性,另一方面又通过学校教育把自己定位为社会的最高阶层,他们把自己装扮成正义和智慧的化身。

我们会发现,儒家士大夫阶层并不会随着一个王朝的覆灭而消亡。士大夫阶层在历朝历代都保持着自己的社会地位。皇权在某一时刻似乎只是士大夫的傀儡,它虽具有无上权威,但是却要受到士大夫所制定的道德规范的约束。因此,真正掌握社会舆论和思想导向的不是皇权而是士大夫,二者相互依托,通过学校向全社会推行有利于自身利益的意识形态。

因此,不能简单地认为"焚书"和"独尊儒术"是统治集团对于文化思想的扼杀和约束,这实际上是权力和思想的一个整合过程。再强大的权力如果没有一套思想体系作为理论依据,最终只能堕落为粗鄙的暴力;再完善的思想理论如果没有实权加以推行,最终也只能变为一本旧书。

得失千载间

——经学治世

"**经**"在《说文解字》中被训为"织"，段玉裁注为"纵线"，以此引申为穿订书册的线，进而指书籍。

经学原本是泛指各家学说要义的学问，但在中国汉代独尊儒术后，经学特指研究儒家经典，解释其字面意义、阐明其蕴含义理的学问。经学是中国古代学术的主体，仅《四库全书》经部就收录了经学著作二万零四百二十七卷。经学中蕴藏了丰富而深刻的思想，保存了大量珍贵的史料，是儒家学说的核心组成部分。

经学流派的分类可用"三分法"，即将之分为"今文学"、"古文学"与"宋学"三派，其中前二者可合称为"汉学"。周予同认为：今文学家将孔子视为政治家，古文学家将孔子视为史学家，而宋学家将孔子视为哲学家，只要记住这一点，对古代学者的分类就应该不会有问题了。此外，在六经上，今文家主张全为孔子所作，而古文家目之为史料，认为并非起自孔子。

在中国古代社会，还没有哪一门学科像经学那样相沿千年，深刻影响着社会的政治思想和文化教育的发展。《诗》、《书》、《礼》、《乐》、《易》、《春秋》等"六书"，是奴隶主的文化典籍，经孔子的删述改编，遂成为儒家学派的经典性著作。从荀子的《劝学》篇开始，将"六书"尊之为"经"，因而后世称为"六经"。自汉代"独尊儒术"起，统治者便用经学治世，从此经学同古代教育结下了不解之缘，学校养士、朝廷取士都以经学为主要内容和重要标准。"六经"在二千多年的中国封建社会里，一直是学校内外的最基本教材。

《诗经》由孔子编辑而成，它上采西周，下迄春秋，是中国最古老的诗歌总集。《书经》又名《尚书》，是我国最早的一部历史资料汇编，保存着有关殷周二代的政治、军事、经济和文化等方面的重要史料。《礼经》是孔子培养"士"的必读教材，他用仁学理论改良周礼，以礼为立国立人的根本大道。《乐经》早已亡佚，是有关音乐的书，通过艺术的形式表达其政治内容。《乐经》与《诗经》是相连的，"乐"是曲调，"诗"是歌词。《易经》又名《周易》，是占卜的筮书，幸免于"焚书"而被完整地流传下来，八卦中留下了中国原始人的思想轨迹，是先秦的认识史和哲学史。《春秋经》是孔子代周天子修国史，根据《鲁春秋》和参阅"一百二十国春秋"整理而成，企图通过历史事实，进行正君臣之名的说教。孔子在政治上失意后，不甘心道随人亡，他整理"六经"，是对中国古文化的抢救。

荀子适应新兴地主阶级的需要，对孔子的"六经"进行了继承和改造，教学内容重视读经，完成了传经的事业。汉代是经学的昌盛时期，官学和私学都以传授经学为务，"学校学儒经，官吏皆儒生"。当时流行这样的谚语："遗子黄金满籯，不如教子一经。"今文经学与古文经学之争，则推动了经学自身的发展。古文经学是用古文（即先秦六国文字）记录下来的传本。据说是在秦火焚书之后，从地下或孔壁中挖出来的古本。古文经学家视六经为历史，研究经籍中的名物训诂，讲求实学，反对灾异谶纬的迷信之说。今文经学是用汉代通行的隶书记录下来的传本，是凭口耳相传的六经旧典。今文经学家认为六经是孔子政治思想的寄托，他们企图在其中寻求治国之道，并竭力迎合汉统治者的政治需要，将儒学大量渗入阴阳神学思想。后世学者认为，古文经学"其特色为考证，而其流弊为烦琐"；今文经学"其特色为功利，而其流弊为狂妄"。东汉末年郑玄杂糅了两派经说。

魏晋南北朝时，玄学风行，儒术衰微。但学校与取士制度仍沿用儒家经典，经学家群起，注经数量甚多。唐代实行"尊崇儒术，兼重佛道"的文教政策，学校教育的主体仍是学经，这是儒家思想与佛道思想交融，向宋明理学过渡的阶段。宋代实行尊孔崇儒的文教政策，推动了经学研究和学校教育的大发展，儒学大家突破了藩篱，摒弃了旧说。从汉代的偏重名物制度转移到偏重心性义理，从章句训诂转移到微言大义，从笃守家法转移到独抒己意。在宋代学者研究、整理和注释的经学著作中，有不少具有较高学术价值的。宋代儒学又称理学，它弥补了原始儒家学说过于简单粗糙的缺陷，摆脱了汉儒章句训诂的庞杂繁琐和谶纬神学的迷信色彩，把自然观、认识论、人性论、伦理观和道德观融为一体，使之成为哲理化的、富有思辩性的思想理论体系。朱熹将先秦的《大学》、《中庸》、《论语》、《孟子》及其注释合编为《四书集注》，与《五经》并行于天下，又逐步取代《五经》在教育中的独尊地位，宋以后，成为各级学校的必读教材和科举考试的标准答案，沿用达数百年之久。

明清两代尊经崇儒，定理学为官方的哲学，一律不得违反，否则即是离经叛道。清朝谢济世注解《大学》时，从先秦的《礼记》本而舍朱熹的《四书集注》本，被奏告毁谤理学，雍正皇帝批谕为"借以抒写其怨望诽谤之私"，大臣中无人敢非议，结果被斩。明清士子沉沦科举，只记诵八股文，连本经的全文都不读。因而清学者戴震主张以经学教育代替理学教育，回到经文，回到孔孟，反对以附会与偏见代圣贤立言。

儒家经学是一门尚未分化的学问，兼容哲学、伦理、名物训诂、历史、文学以及自然科学等多方面的内容。哲学伦理观为其主要内容不说；《春秋》和《书经》原本是史书；《诗经》则是文学作品；在经学的研究和教育中又发展了我国古代文字学；《乐经》虽早亡佚，但讲说《礼经》时也要阐述乐教音律的道理。科学理论最初是以哲学为母体的，多与哲学结合在一起。儒经多次说到"天时"与"土宜"，《礼记》并以这些重要的农业科学知识，为统治者排列出遵照天时进行政治活动的月程表，按照土宜之法安排农事。汉儒的天人感应思想推动了天文观测的发展，令西方瞩目的先进天文学知识在经学教育中都有传授。儒师用数理讲《易经》，因之数学成为儒学的一部分。

所以历代经师大儒中，颇有通算、通音律、通天文历数的学者，也有著名的文人、史家、古文字学家等等。在经学教育中也注意培养"通才"，博古通今，兼习人文科学和自然科学。这是我国古代人才教育中的突出特点。

经学教育对科技教育的发展，也有消极限制的一面。随着社会与生产的发展，自然科学要独立成为专门的学问，儒学却仍以独尊的地位强行将其纳入自己的体系，把自然科学人文化，大大局限了人们的视野，破坏阻碍自然科学的发展。而且还应看到儒学还对自然科学的一些知识做了歪曲附会的加工，把天文现象与政治兴衰相连比附，还向医学理论中渗进了迷信思想，给易学披上了神秘的外衣，这些都成为科学发展的严重阻力。

经学教育的原则是通经致用，一方面要读通经书，一方面要学以致用。如何通经，历代各有不同。汉代的今文经学派注重经义，利用经学为现实政治服务，表现出崇尚功利的学风，克服先秦儒家"述而不作"的保守性。有的经师脱离章句凭空说经，《书经》大师秦延君对"曰若稽古"四字解释要三万言，"尧典"二字要解释十万言，令人难于掌握。据说有的学生幼年入学至白首方能讲一经。古文经学按经书的字义释经文，具有朴实的学风，但也出现支离经文和流于烦琐的弊病。到唐代时，则着重经"注"，称为"疏"，要"因时制宜，求其简易"，但较忽略经文。宋儒则全凭己意说经，敢于疑古惑经，不仅不受旧注的束缚，而且改变经文以就己说。明清只推崇理学，说经者要以朱熹等理学家的传注为宗。

如何致用，历代都注意通过培养具有儒学修养的人才为封建王朝服务,经学又给统治者制定政策提供理论依据。如汉武帝要加强政治统一和巩固皇权,经师们有"春秋大一统"说和"君权神授"说;要攻打匈奴,经书中有"复九世之仇"的记载;汉元帝采取向各派政治势力妥协的政策,经师们便捧出《诗经》提倡"温柔敦厚"的精神;王莽改制篡权,也有"周公摄政称王"说为其效力。汉代上自朝廷的封禅、巡狩、宗庙之事,下到庶民的婚丧嫁娶,都要以经典为准。官僚政客的言谈也须引经据典,帝王诏书更是充斥经文典故。官吏们则用经书代替法律来断案,董仲舒以《公羊春秋经》裁决疑案,并编撰成《公羊董仲舒治狱》一书。在当时,儒经不仅有理论价值,还自有实用价值。

在儒家经学两千年的历史上,经学为皇权服务,皇权也为经学的发展开辟了道路。但是当经学难以挽救软弱腐败的皇权时,它也会脱离皇权而独立发展。所以儒学教育也更造就了一大批具有儒家国家观念和道德修养的知识分子,如历代的民族英雄、思想家和改革家等等。他们敢于为民请命、以身殉国,立下丰功伟业;又能以儒学律己、修身砺志,保持高尚德操,他们是维护封建大一统的中坚力量。有了他们,才有了我们不屈民族的悠久历史。

以历史观点来看,经学的研究是透过不可更动的文本,来阐发可以更动的注释,注释活动等同于士人思想的发表与阐述,考虑到经典的神圣性,便可发现政治层面的经学活动是十分复杂的。历代政府取得统治地位,即"法统"之后,均希望能取得经学研究者,也就是知识分子的认同与支持,从而取得皇权的正统性,即"圣统"。"圣统"的取得象征着一个政府除了在武力上取得统治权之外、同时也在社会文化、价值认同上取得合法性。士人要施展政治抱负,一方面要取得"法统"上政治力的支持,另一方面也要寻求经学上的权威解释,即"道统"上的立论依据。因此往往透过对神圣经典的诠释活动,来影响执政者的施政思考,在士人与国君互相影响的前提下,经学成为重要的政治互动媒介。

民国时代以后，由于大量的西学、政治运动取代了原来的经学思想，两者的冲击之中，产生了诸多主张，一般而言，全面排斥西学的想法已经不复存在，但仍存有"中学为体、西学为用"与全面西化的路线争执。胡适在《论六经不够作领袖人才的来源》一文就说："儒家经典中，除《论孟》及《礼记》之一部分外，皆古史料而已。"胡适把《诗经》当成文学作品，其连史料都算不上。古代经书的权威性随着帝制的瓦解而一落千丈，经学也随之衰弱。民国二十年代，何键、陈济棠等倡议学校恢复经学课程，但遭到了反对。

盛唐隆宋各分秋色

——官学大备

官 学,是官办学校的简称。教育属于上层建筑的一部分,因而历代统治者为了抓住教育权,都大力兴办官学。早在西周时期,就有国学,还有乡学。封建官学制度的确立起自汉朝,汉代官学适应并促进了新兴封建帝国的发展,而且形成了封建官学的基本形式与格局。

儒者董仲舒献策于汉武帝,说求贤必先养士,提议建立太学,以研讨儒学为主旨。太学的教授称为博士,其主要职责是教学,也参加朝廷的政治与学术讨论,还奉使巡视地方政教。众博士之上设有首席长官,相当于大学校长,西汉时称为"仆射",东汉又改称"祭酒"。博士多由名流充当,西汉时采取征拜或举荐的方式选出;东汉则须经过考试,并要写"保举状"。可见,太学有重儒尊师、严以择师的传统,博士的经济及政治待遇较高。太学生又名"博士弟子",由朝廷中掌管文教的官员"太常"和地方官吏选送,还有通过考试或因"父任"而入学的。其中由太常选送的是正式生,享有俸禄,其他人则费用自给,贫寒子弟允许边求学边谋生。王莽篡权后,太学生才日益贵族化。太学生学成而为卿相、为官吏、为经师,体现了"学而优则仕"的办学宗旨。太学的教学方式以经师讲学为主,学生互教为辅,注重考试与自学。

此外,汉代的中央官学还有宫邸学和鸿都门学两种类型。宫邸学,一是为贵族子弟开设的贵胄学校,一是教育宫人的宫廷学校。鸿都门学以尺牍、小说、辞赋、字画为主要学习内容,为我国第一所文学艺术专科学院。汉代的地方官学称郡国学校,负有推荐太学生之责,以推行社会教化为宗旨,学习儒经,注重礼教。汉代的官学制度,为我国封建官学的发展奠定了坚实的基础。

魏晋南北朝战乱频仍,官学时兴时废,到隋唐时期开始有空前的发展。隋朝初年积极振兴教育,设置新学校,并为唐朝所继承发展;唐代的皇帝都把兴学看作经邦治国之本,封建官学教育制度日臻于完备。适应封建社会政治与经济发展的需要,唐代从中央到地方设立了各级各类的官学,形成一个较完整的教育体系。官学在中央设有:国子学、太学、四门学、弘文馆、崇文馆、崇玄馆、律学、书学、算学、医学、天文历学、畜牧医学,以及教育皇族子孙和功臣子弟的小学;在地方设有:州县学、医学、玄学等。国子学后改称国子监,成为唐代教育行政的最高领导机关,地方上的教育长官叫长吏。除习经学的官学由国子监领导之外,其他专业性质的官学均由各有关业务部门管理。

封建官学从产生起便是专门研究经学的学校,唐代统治者以尊崇儒术为文教政策,经科学校在其官学教育体系中占据主导地位。国子学、太学、四门学、弘文馆、崇文馆、广文馆、崇玄学和郡县学,都是经学学校,儒家经典为其基本教材。教学方法是有讲有读,读即是学生自己阅读研究经文、背诵经文和注疏;同学间开展讨论,辨明经义。专科性学校包括律学、书学、算学、医学、天文历学等。这类学校的教师官职低、学生入学的门资也低,学额也小。因为封建教育的目的是要培养维护其统治的各级官吏,并非是造就发展社会生产和科学文化的各类人才。此外,司天台、太仆寺、太卜、署、太乐署等机关也设有博士,结合其业务招收学生,进行天文历法、畜牧兽医、音乐舞蹈等职业性训练,采取师傅带徒弟的办法,边学习边实践边研究。可见,唐代官学的形式比较多样化。

唐代官学的封建等级性进一步得到加强,各级各类学校对学生的入学资格都有严格规定,按照出身品级的不同入学,而非根据学生的年龄和文化程度。如国子学的学生均为贵族子弟;太学生是五品以上官吏和郡县长官的子孙,以及三品官的曾孙辈;四门学招收勋官三品以上但无封号的以及文武七品以上官吏子弟,另有大批庶人的俊秀子弟,实为难得;崇文馆的学生门资最高,皆为皇族、外戚、六尚书、有封号的功臣、散官一品、京官三品以上的子孙;广文馆则专门培养报考进士科的学生。只有州、县学生大都是一般庶民子弟。唐代的地方学校制度较为周详,一直到乡、里均设学校,并按府、州、县人口的多少分为等级,规定教师和学生的名额,考试制度也很完备。

古时拜师,初见时要有仪节,名为"束脩之礼。""束脩"本意为十条肉干,用以供奉老师,表达对其尊敬之意,此礼始自孔子。唐朝政府则明文规定实行束脩制,以扬尊师重道之意。礼物的轻重要随学校的不同而有区别,如国子学和太学各绢三匹,四门学绢二匹,律学算学及州县学各绢一匹,且都还要有酒肉。学生向老师敬献束脩时,要举行隆重的仪式。即便是皇子也要穿学生之服,把礼物放置于学府门外的西南向,皇子纳束脩为帛五匹、酒二斗、肉一案。稍候片刻,进入学门,口里念着敬请先生授业之词,并执礼物跪拜。博士答礼,皇子再拜,博士于是进跪取束脩,皇子拜毕,方可出来。束脩制促进了社会的尊师风尚,增强师生的情感,从此形成了风俗,对后世有积极的影响。

宋代的官学大部分仍袭用唐制,且更为完善。北宋的三次兴学运动,直接推动了官学教育的发展。官学教育的管理体制进一步完备,设科也有所增加。宋代的中央官学里,直属于国子监的有国子学、太学、辟雍、广文馆、四门学、武学、律学、小学;直属于中央朝廷的有诸王宫学、宗学(包括内小学)、道学;由中央各业务部门管辖的有算学、书学、画学、医学。地方官学里,有府学、州学、军学、监学、县学。朝廷对官学赐予学田,由学校独立经营,以充经费,这是自宋代开始的。

宋代官学的等级限制有所放宽,注重满足庶族地主阶级对教育的要求。国子学以京朝七品以上官吏子孙为学生,太学招收八品以下官吏的子弟和庶人中的俊秀者,四门学中八品以下官吏的子孙和庶人均可入学,其他各学甚至取消了等级限制。教育对象的扩大,使宋代官学教育较有成效,应该说,这是教育发展的一大进步。贵族子弟只为混得出身,无心真正问学,所以国子学在宋代地位最高,办理却最为不善,根本谈不上什么教书育人之实了。

宋代对于兴办地方官学给予极大重视,地方官学较唐代更为发达。首先由中央建立了巡视地方教育的行政机构"提举学事司",设置"提举学事"专门负责掌管各州县学政,各地也设有学官管辖所属各级官学。朝廷十分注意委派学官和官学的教授,规定只有进士出身的学高行端之人方可执教,保证其办学质量。而且从宋代起,建立了中央官学同地方官学的联系,地方官学的学生经考试合格后,可以送入太学,这一办法调动了庶民子弟读书进取的积极性,推动了地方官学的发展。

官学教育大发展,是有盛唐与隆宋丰富多彩的经济与文化作为它雄厚的基础,并至此达到封建时代的高峰,制度完备,水平较高。官学的发展与各代帝王的统治政策密切相关,因而兴废无常,容易成为政治的牺牲品。同时,官学同科举制度的联系日益增强,官学渐渐沦为科举的附庸,从教育的目的到内容都为科举服务,明清时期的官学更是成为科举的准备场,日趋腐朽无用了。

弦歌不绝传典籍

——私学荣昌

古代的私塾、私馆、义学、精庐、精舍、经馆,都是属于私人创办的学校,它盛行于民间,是官办学校的补充,传播儒家经学和传统文化。在中国古代教育史上,私学教育始终占有重要的地位,对于今天也很有影响。

在春秋五霸和战国七雄的争夺与混战中,王室衰微,朝廷里掌管文化教育的官员都自谋生活,各携文物典籍逃亡到偏远的诸侯国去了。于是,官学废弛,私学兴起。在百家争鸣时期,学派林立辩难,私学更为繁荣,从师已成风尚,儒、墨、道、法、名、农诸家都各有私学。其中以儒墨两家最为有名,在教育实践中积累了丰富的教育经验,总结了系统的教育思想,对于后世的私学教育的发展产生了深刻的影响。

孔子办私学,主张"有教无类",即不分身份的贵贱,广收弟子,而且弟子也可以自由择师。

汉代的独尊儒术,使私学大大兴盛。两汉的私学有两类,一是由经师大儒自立的"精舍",一是书师所办的"书馆"。书馆为启蒙教育,读字书、练写字;精舍相当于太学的程度,专习一经,以满足深造者的要求。因为设在京师的太学,毕竟名额有限,而且山遥路远,所以儒学大师们的精舍就在民间广为设立起来。

精舍的学生分两种:一为"著录弟子",只须在某个大师门下登记在册就算在学了,不必到堂听讲;一为"及门弟子",则必须前往老师处受教。东汉的私学名家马融,前后有学生数千人。他讲课时,高坐堂上,四周以丝帐围起，帐后设女乐。每讲完一段休息时，便奏乐舞蹈。学生众多，不能一一传授课业。所以，马融只面授少数高足弟子，再由高足弟子传授弟子，以次相传。汉末著名的私学名家郑玄，在马融门下求学时，三年没能与老师谋面，辞别前方得畅谈一回。这就是汉代私学的教学情况。

唐时的曹宪在家乡开办私学，因其名气大，唐太宗请他到京任职。曹宪称年事已高，不愿前往，太宗便派使者至其家，授予朝散大夫之职。太宗读书时遇到字书上查不到的难字，就派使者到曹宪家中请教，而曹宪对音义都能详细作答，博得太宗赞赏。曹宪进行私家讲学，不用传统的"五经"当教材，而用梁朝的《昭明太子文选》，形成了江南"文选派"，影响很大。

宋元明三代的私学，仍然大体承绪汉时体制。因官学虽日趋完备，却忽视蒙童阶段的教育，私学地位更显重要，尤其是蒙养教育大发展。蒙养阶段的教育内容，主要是进行初步的道德行为训练和基本文化知识的教学，以识字、写字、背书为主。每天的功课一般是：背书、授新书、作对、写字、读诗和一系列道德行为规范训练。在基本知识教学上，重视熟读牢记，注重学习态度的培养和学习习惯的养成。如读书强调勤苦认真专一，认真听讲，及时复习，爱护书籍，珍惜光阴；写字要求姿势正确、态度恭敬、几案洁净、字画端整，学会研墨、执笔、铺纸等基本技能和习惯。在知识教学中灌输伦理道德规范，培养儿童的道德品质，注意生活仪节和行为习惯的训练。朱熹的《童蒙须知》和《训蒙规约》对于衣服冠履、言语步趋、洒扫涓洁、读书写文及杂细事宜都规定出准则，要求从小严格训练，打好基础，使之习惯成自然。蒙养教育注重因势利导，适合儿童的个性特点，培养儿童的学习兴趣，多采用诗歌、舞蹈、故事等内容和方式，各朝都编写了一些有影响的蒙学教材，留待下篇详述。私学的蒙养教育带有不少封建伦理道德的糟粕，但是它毕竟积累了一些成功的经验流传今世，可资借鉴。

至明代，广泛设立社学于全国的城镇和乡村，尤以乡村的比例最大。最初由各级地方官吏奉旨而设，徒具虚名；不久民立的社学逐渐增加，而且多以宗族为单位建立。清初社学则为义学等形式所取代。义学，又称义塾，是为民间孤寒子弟专设的教育机构，一般不收学费，有的还发给学习用品，民办义学以捐田、捐银、捐房来维持。

各代从事私学教育者情况较为复杂。有人与当权者的政治主张或学术见解不同，不愿与当权者合作；有人在朝遭受排挤，不得为官，无法在官学任教，于是退而授徒讲学；有人不慕仕途，不愿卷入复杂的党派政治斗争，专心学问，隐居讲学；有人因年老告退或父母忧丧，归乡办学；有人一边为官，一边又从事私学教育。这些人多是名师大儒，在学识与品德等方面都有着相当高的社会影响，很能吸引大批读书人跟从受教。

私学教育一般都得到朝廷的认可或默许，允许独立自主地讲学，并注意吸取其教学经验运用于官学教育之中，也聘请私学大师到官学去任教。能在官学中受教育者毕竟是少数人，随着中下层地主政治与经济地位的提高，要求受教育的人空前增加，官学教育愈来愈难以满足这一要求。而且官学多集中于京城和州县，入学颇多不便，又时兴时衰，使私学教育得以大发展。

由于历史条件和教育发展状况的影响，私学教育存在着明显的局限性。私学的师生仍然主要是封建社会的中上阶层，贫寒子弟无力入学。私学教育在培养目标和教学内容上，也不可避免地受科举制度的指挥棒所左右，和官学教育并无原则区别。私学教育缺乏必要的规章制度，也没有稳定的经济来源，往往是有师则学，无师则废，能教什么教什么，教材自定，不称职者也大有人在。

私学教育从春秋时代产生起，历经战乱纷争、朝代更迭而一直不衰，生命力极强。私学具有很大的灵活性和适应性，可以因时、因地、因人而设，能够满足各层次的不同要求。另外，私学重视学风与气节的培养和训练，师生一心向学，刻苦钻研，不畏强权，不慕禄位。孔子率弟子周游列国期间，他的私学不仅走到哪里办到哪里，而且沿途也"与弟子习礼大树下"。在陈蔡绝粮的危机之时，随从者大多病倒，大家都精神不振，孔子仍然"讲诵弦歌不衰"，还与子路、子贡、颜渊等人研究学问，砥砺品行。秦始皇曾以政令和武力禁办私学，但是私学教育仍是禁而不绝，传于民间。汉高祖刘邦带兵围攻鲁地时，儒者还在"讲诵习礼，弦歌之音不绝"。正是这种精神和毅力，形成私学的良好传统，从古到今，历久不衰。

私学教育对历代学术思想文化的发展起到了重要的作用。无论是春秋时期的百家争鸣，还是宋代理学思想的形成，差不多都是以私学为基地的。学术思想流派众多，各学派都把私学办成其发展基地，重视发展自己的学术方向，教学内容和学风都不尽相同。各学派之间也经常发生激烈的论争，互相批评辩难，但又彼此尊重，促进发展。私学教育千年来造就出了大批的学者，而学者们的活动又推动了私学教育的发展，形成了我国古代优良的文化教育传统，并把中国历代的文化典籍代代相传，发扬光大。

世代传诵"三、百、千"

——养蒙教材

老一辈受过封建传统教育的人,大都念过《三字经》、《百家姓》、《千字文》。这三本书是中国封建社会极有影响的一套蒙养教材。

"蒙"的意思是暗昧,幼童于事多暗昧,所以称之为童蒙。蒙学就是对儿童实施的启蒙教育,要在儿童智慧蒙开之际及时给予正当的教育,即"养正于蒙",所以蒙学又叫蒙养教育。中国古代的蒙学教育,包括相互配合的三个方面内容:识字教育、封建思想教育、知识教育。因而优秀的蒙养教材应集三者为一身,在潜移默化中学知育德。《三字经》、《百家姓》、《千字文》便是封建社会里流行经年、历久不衰的一套读本。

三本书中历史最悠久的当属《千字文》,为南北朝时期梁代的周兴嗣所编。全文千字,每句四字,叶韵,共250句,无一复字,通畅耐读,条理自如。开篇介绍了一些有关自然界的名物,然后叙述上古之世,谈起当时京都、朝廷、典章、人物之盛,又说人的修身持己、为人处世,及于务农、读书、饮食、居处、游历、祭祀等生活侧面。以识字为主,包括天文、地理、生物、农业、历史等知识和封建伦常及其人生哲学,很有教育意味。现举数段:

"天地玄黄,宇宙洪荒。日月盈昃,晨宿列张。寒来暑往,秋收冬藏。闰余成岁,律吕调阳。"

"乐殊贵贱,礼别尊卑。上和下睦,夫倡妇随。""治本于农,务兹稼穑。俶载南亩,我艺黍稷。"

史书记载，梁武王为教诸王子读书，命令殷铁石在大土书中选出一千个不重复的字，以教王子。选出的字，每个写在一片纸上，逐个识记，杂碎而无序，枯燥而无味。于是梁武王召见周兴嗣，对他说："爱卿极有才思，替我把这一千字编缀成句，每句成韵。"周兴嗣一夜之间完成进上，鬓发皆白。问世之后，《千字文》很快成为流行于各地的通俗识字课本。作为一篇文采斐然、千古传诵的绝妙文章，它在社会上也广泛流传，后人盛赞它"局限于有限之字而能条理贯穿，毫无舛错，如舞霓裳于寸木，抽长绪于乱丝"。它的字序甚至被用作坊里屋舍、簿册卷宗的编号。

《三字经》相传是南宋大学者王应麟所撰，是宋朝时大量出现的蒙学教材中的突出代表。通行本中有 1248 字，《三字经》的内容分为六个部分，每一部分有一个中心。从"人之初，性本善"到"人不学，不知义"，讲述的是教育和学习对儿童成长的重要性，后天教育及时，方法正确，可以使儿童成为有用之材；从"为人子，方少时"至"首孝悌，次见闻"强调儿童要懂礼仪要孝敬父母、尊敬兄长，并举了黄香和孔融的例子；从"知某数，识某文"到"此十义，人所同"介绍的是生活中的一些名物常识，有数字、三才、三光、三纲、四时、四方、五行、五常、六谷、六畜、七情、八音、九族、十义，方方面面，一应俱全，而且简单明了；从"凡训蒙，须讲究"到"文中子，及老庄"介绍中国古代的重要典籍和儿童读书的程序，这部分列举的书籍有四书、六经、三易、四诗、三传、五子，基本包括了儒家的典籍和部分先秦诸子的著作；从"经子通，读诸史"到"通古今，若亲目"讲述的是从三皇至清代的朝代变革，一部中国史的基本面貌尽在其中；从"口而诵，心而维"至"戒之哉，宜勉力"强调学习要勤奋刻苦、孜孜不倦，只有从小打下良好的学习基础，长大才能有所作为，"上致君，下泽民"。

《三字经》内容的排列顺序极有章法，体现了作者的教育思想。作者认为教育儿童要重在礼仪孝悌，端正孩子们的思想，知识的传授则在其次，即"首孝悌，次见闻"。训导儿童要先从小学入手，即先识字，然后读经、子两类的典籍。经部子部书读过后，再学习史书，书中说："经子通，读诸史"。《三字经》最后强调学习的态度和目的。可以说，《三字经》既是一部儿童识字课本，同时也是作者论述启蒙教育的著作，这在阅读时需加注意。《三字经》用典多，知识性强，是一部在儒家思想指导下编成的读物，充满了积极向上的精神。

《百家姓》是北宋时作品。原收集姓氏411个，后增补到504个，其中单姓444个，复姓60个。有学者推断它是两浙的钱氏所著。因为首句是"赵钱孙李"，赵为宋朝国姓，钱氏奉正朔而次之，忠懿正妃姓孙，其次是江南望族李氏。此论需待考证。中国古代思想最重要的社会根基，是氏族宗法血亲传统的强大力量，而维系血缘亲属纽带的表现之一，则在于对姓氏的认同。《百家姓》正适应了人们的这一心理要求，所以深入民心，得到承认。《百家姓》中四字一句，是全然无意义的472字的堆积，但姓氏对儿童来说是好理解的，又押韵上口，易于成诵，又很实用，这样的集中识字教材有益而无害。

明代蒙书专家吕坤称："初入社学，八岁以下者，先读《三字经》，以习见闻；《百家姓》，以便日用；《千字文》，亦有义理。"三本书配合使用，成为一整套启蒙教材，以"三、百、千"统而称之，宋元以后一直用于全国范围内的蒙学。

集中识字是传统语文教学的特点。"三、百、千"作为一套蒙养教材，较善于合作。三本书合起来为两千多字，符合初步识字阶段的要求，又弥补了《千字文》无重复字、不利于复习巩固之病。三本书各有特点，篇幅又短，儿童学完一本换另一本，新奇可喜而无冗长枯燥之感，符合他们的心理发展特征。《三字经》有宋代文学朴实无华、注重义理的特色，较近口语；《千字文》有魏晋南北朝时代的缤纷文采和文言特色。两者都晓畅明白，句法灵活丰富。儿童的记忆力极强，背过文章可终生不忘，一旦胸有锦锈就为以后的读写训练奠定了良好基础。

封建思想教育和知识教育，也通过这套课本深入到识字教育中去。"三、百、千"烂熟于胸，儿童逐渐地掌握其中的各类知识，封建思想和道德规范也潜移默化地影响心灵。所以说不管是就内容论，还是就语言论，三本书编得十分高明，确是封建社会的一套优秀的综合性蒙养教材。但其中有些知识内容已落后于时代的发展，所传播的封建思想意识更要摒弃。

出于增补、内容专门化和加强封建思想等目的，"三、百、千"曾产生过种种改编本，如章太炎的新《三字经》、《御制百家姓》、《皇明千家姓》、《叙古千文》、《续千字文》等等，但都没有改变原作专美于前的地位。"三、百、千"是前人撰写的大批蒙学课本的选本，优点突出，形成了传统。而伦理道德等专门类的蒙学教材，艰涩难懂，如宋代的朱熹曾编写过《小学》以"授之童蒙"，书中采撷"古圣先贤"的"嘉言善行"。但在蒙学的实际教育教学中，却未能广泛流传，究其原因，恰如明代陆世仪所言：《小学》之"废"在于"多穷理之事"，"类引多古礼，不谐今俗"，"开卷多难字，不便童子"，也就是说《小学》一书不能广泛流传的主要原因是它说理玄奥，内容陈旧，文字艰难，不合日用，故未能流传久远。现今也有不少"三、百、千"的新版本见于书摊，我们对之应注意分析批判，而取其精华。

我国最早师说专论的撰著者

——教育家韩愈

韩愈,字退之,邓州南阳(今河南孟县)人。生于唐代宗大历三年
(768),死于穆宗长庆四年(824)。因为他的先祖曾在昌黎居住过,
所以后人就称他为昌黎先生。他出身于官僚地主家庭,他的七世祖茂有
功于后魏,曾被封为安定王;父亲名仲卿,曾为武昌令,当时颇有文名。
韩愈幼年时,处境极苦,3岁丧父母,由伯兄韩会抚养,10岁随伯兄贬居
韶州(广东曲江),13岁时,他的伯兄又死,乃由寡嫂郑氏抚育成长。他在
幼年时,即自知刻苦读书,发愤用功,"日记数千百言"。尽管没有师傅的
教导,但他仍能自己研习六经、百家书籍而无不通晓。25岁时,即举进士
第,惟三度以博学鸿儒试于吏部,都落选。后由节度使张建麦的推荐而
开始从政,先担任"推官""县令""刺史"等地方官职;继又调为四门博士,
从事教授生活;后又出而为刺史,入为国子博士数次。他以"才高数黜,
官又下迁",乃作"进学解"以自谕。40岁以后,以佐裴度平淮西而擢为刑
部侍郎。至元和十四年(819),宪宗遣使持香花迎佛骨,愈以谏阻此事而
贬为潮州刺史。穆宗即位,奉召回京为兵部侍郎,后又转为吏部侍郎。
韩愈在唐长庆元年病卒,终年五十七岁。宋朝元丰年间追封为"昌黎
伯"。

韩愈在教育事业上的活动,除了一次为四门博士,两次为国子博士,
一次为国子监祭酒(当时的大学校长)外,在潮州刺史任内,曾捐薪创设
"乡学",聘进士赵德为师,以教导当地的子弟,使教化得以传播推广。当

时一般文人凡经他传授指导过的，都自称为韩门弟子，其中以李翱、李汉、皇甫湜等最为有名。

韩愈是我国最早的师论专著《师说》的撰著者。

就其哲学思想而言，韩愈主要以儒家学说为基础，并以孔孟道徒自居，振兴自汉代以后已经衰落的儒家学派的声誉和影响。为此，他竭力主张恢复儒家传统思想，反对佛老。但他相信鬼神的存在；主张上智和下愚天性不变。在"人性论"方面，韩愈承袭了董仲舒的"性三品说"，并作了一些补充、修正。他认为："性"是先天具有，"情"则为后天产生。并认为性可分为上、中、下三品。上等性善，下等性恶，中等性可善可恶。但在《师说》中，却又承认"人非生而知之者"的合理见解。

基于维护封建统治及道学的政治、哲学观点，韩愈把学校教育作为统治人民的重要工具。他在《韩昌黎集·潮州请制乡校牒》中说："以德礼为先，而辅以政刑也，夫欲用德礼，未有不由学校师弟子者。"主张把教育与刑法并列起来，且以教育为主，通过教育，以"明先王之教"。而"教"的内容即"仁、义、道、德"；其载之于文字即《诗》、《书》、《易》、《经》；其施行的方法是礼、乐、刑、政：施教的对象是士、农、工、贾；而达到的目的则是正君臣、父子、师友、宾主、昆弟、夫妇"三纲五常"之位。

为了达到他的教育目的和传授规定的教育内容，韩愈在教育教学方法上提出了不少精辟论述和见解。首先，他提出"业精于勤，荒于嬉；行成于思，毁于随"的主张。这里他要求学生"勤"与"思"，要求学生在学业上要"精"，在德行上要"成"。而达到"精"与"成"的方法，则是"勤"与"思"。其次，韩愈也十分重视先秦儒学者一贯主张的"因材施教"的教学原则，他以各种木材的不同为喻，说明人的才能各有不同，如果教育能因材施教，也能像工匠一样造成有用的人才。再次，韩愈主张学习必须在博的基础上求精，他说："贪多务得，细大不捐"，"俱收并蓄，待用无遗"。不仅如此，他还说："提其要"、"领其云"，主张根据要点，领会实质。同时韩愈还主张用正反两方面的例子教育学生。

有关教师问题的论述,可以说是韩愈教育思想的精华。在《师说》一文中,他说:"古之学者必有师",并精辟地提出了教师应负的三大责任:传道、授业、解惑。同时,他还反对以社会地位、年龄和资历作为取师的标准。"无贵无贱,无长无少,道之所存,师之所存也。"此外,他认为师生关系也是相对的,"弟子不必不如师,师不必贤于弟子",师生可以互相学习。他强调向闻道在先或有专长的人学习,反对"耻学于师"。

作为一个杰出的教育家,韩愈很注意人才问题。他认为人才总是有的,关键在于能否加以识别和扶持。他说"世有伯乐,然后有千里马,千里马常有,而伯乐不常有"。他嘲笑那些不善识别人材的人"策之不以其道,食之不能尽其材。"及执策而临之曰:"天下无马"(《马说》)。正是在这种思想指导下,韩愈热心于培养、推荐有才干的青年,使之充分发挥其才能。

韩愈认为读书要注重一个"勤"字。所谓"口不绝吟于六艺之文,手不停披于百家之编"。读书学习惟有勤奋,方能有所得。他说:"读书勤乃有,不勤腹空虚。"读不同性质的书,要采取不同的方法。"记事者必提其要,纂言者必钩其玄"。意思是,阅读史籍一类的书,一定要做出提要,提纲挈领,掌握要点。阅读辑录古人言论的书籍,一定要探索其要旨,领会书中的精神实质。

韩愈是唐代古文运动的领导人,"古文"这一概念便是由其率先提出。唐宋古文运动是指唐代中叶及北宋时期以提倡古文、反对骈文为特点的文体改革运动,同时涉及文学的思想内容。韩愈把六朝以来讲求声律及辞藻、排偶的骈文视为俗下文字,认为自己的散文继承了先秦两汉文章的传统,所以称"古文"。韩愈提倡古文,目的在于恢复古代的儒学道统,将改革文风与复兴儒学变为相辅相成的运动,所以兼有思想运动和社会运动的性质。

在提倡古文时，韩愈进一步强调要以文明道。他在《答李翊书》一文中说："根之茂者，其实遂。气盛则言之短长与声之高下者皆宜。"所谓"根"或"气"，是指作家的思想修养、人格修养，在这里则强调作家的道德修养和文学修养对于搞好创作的重要性。

纵观韩愈的思想，虽然其哲学思想是唯心主义的，其人性论也是错误的，但是他对教学方法、教师及人才的论述，都包含着朴素的唯物主义和辩证法的因素。

不恤流俗的教育改革者

——教育家王安石

"天命不足畏,祖宗不足法,流俗不足恤",这"三不足"的精神是何等的气概! 它说的是北宋改革家王安石。为了巩固和加强中央集权的封建统治,扭转积贫积弱的王朝现状,王安石倡导"新学",推行"新政",列宁称他为"中国十一世纪时的改革家"。王安石又直接从事过教学活动,探讨过教育的理论问题和实际问题,主持了教育改革。所以他不同于一般的政治家,也不同于一般的教育家。

王安石少好读书,一过目则终身不忘。十七、八岁时,他意识到要成就一番事业,必须切实努力、发愤学习,以利国利民。自此他一改少年时期的恃才傲物,从吟风弄月、闲情逸致转而注意社会与人生问题的探讨;从只读儒书,到诸子百家无所不读,田间杂事无所不问。他22岁中进士,历任地方官吏,眼见强族权门巧取豪夺,农人饥寒交迫,激起他要改变现实的强烈愿望。他曾写《上仁宗皇帝言事书》,陈述了自己的改革主张,但却遭到冷遇。1069年,王安石任参知政事,在宋神宗的支持下施行了变法。

变法之中,王安石十分重视教育改革,使之为新法服务:一方面培养推行新法的人才;一方面,为新法建立理论原则。有关教育的革新事宜有三项:一是改革科举考试制度;二是改革学校教育制度;三是设置经义局,修订并颁行了《诗》、《书》、《周礼》三经。

王安石认为,自隋唐以来的科举都以文辞诗赋取士,有雕虫小技者乘机成为公卿，而有安邦治国之才的人反被排斥于外，这样非但得不到有用之才，而且造成了极坏的学风与社会风气。所以他执政之初，便行科举新法，废除明经科，新立明法科，选取断案人才；增加进士名额，罢诗赋、帖经、墨义，考以经义，任选《诗》《书》《易》《周礼》《礼记》之一，称为"本经"，并选《论语》《孟子》，称"兼经"；考试分四场，一试本经，二试兼经，外兼大义十道，要求通晓经文的主旨大义，不必局限于注疏讲说，三考试论一首，四考时务策三道。王安石欲通过改革科举，选拔一批通经术、明时务、崇新法的人才。但他的改革遭到反对派的强烈批驳。

王安石大力提高学校教育的地位，改革太学、整顿州县学。他给太学教师队伍建立赏罚制度，规定生员须经考选方可入学，管理制度很严格。太学实行"三舍法"，"三舍法"是"三舍考选法"或"三舍选察升补法"的简称，为熙宁"新政"的重要部分。王安石认为科举考试不足以选拔出实用的人才。因此，建议神宗于熙宁四年(公元1071年)实施太学生三舍法，将太学生分为上舍、内舍、外舍三等。在一定的年限及条件下，外舍生得升入内舍，内舍生得升入上舍；上舍生考试成绩优异者直接授官，中等者直接参加殿试，下等者直接参加省试。哲宗元符二年(1099年)后，三舍法逐渐推广于诸州及各类学校。南宋太学继续实行三舍法，并不断加以完善。

"三舍法"学校制度等于是赋予学校部分的取士权，至少是给太学生们更多的考取机会，因为除了学校的考试外，太学生还可以跟其他人一样，参加正常的科举考试。宋代的改革，事实上将太学变成了科举的一个层次，学校成为为官僚体系输送人才的训练基地，并最终成为了选官制度的一个组成部分。这种制度演变到了明清，读书人如果想参加科举，那么就必须先考进官学，获得"秀才"的等级才可以有资格参加科举考试。如此，学校和科举彻底融合到了一起。

宋代重文，士子多弱，王安石提倡文武兼备，设立武学；通晓律令的实学应为政府官员必备的知识能力，王安石建立律学，要求一般官员入学习律,培养实用人材;设置医学,使医生从卜巫之流中走出,大大提高了医学和医生的社会地位。宋朝的学术与科技在许多方面超越前代,王安石的改革有一定的推进作用。

统治阶级内部各集团利害不一,使学术思想上异道殊德。于是,王安石着手训释经义,颁行《三经新义》。他以为孔子所传经籍,由孟子承袭,秦焚书使源流失正,汉儒章句传注的烦琐之风淹没了经义的本质,应该使义理明白,解除对经学的曲解,以化民成俗,教育后代。

王安石因在经济改革上侵犯了权贵的利益,宋神宗迫于朝廷内部多方的压力,于1074年四月接受王安石辞去相位,再任江宁知府。1075年(熙宁八年)二月,王安石第二次拜相,奉诏进京,舟夜泊于瓜洲。王安石于是写下《泊船瓜洲》:"京口瓜洲一水间,钟山只隔数重山。春风又绿江南岸,明月何时照我还。"诗中表露出王安石对于改革和仕途的不确定心理,因为改革从来都是要如临深渊、如履薄冰的,而仕途的上上下下也只在一念之间。事实上,由于反对派的强大势力,以及改革中的未知困难,王安石终究难有作为,于是,熙宁九年(1076)十月再次罢相。

此后变法受到以司马光为代表的守旧派的激烈反对。随着统治集团内各派势力的消长,王安石的新法行而遭废,废而复行,最终失败,但是其中一些教育改革措施有较深远的影响。

王安石为人特立独行。他经常不梳洗就出门会客,看书入神时则会随手拿东西吃,吃了鱼食也不知道。据传为苏洵所著的《辨奸论》就是影射王安石的,其中写道:"夫面垢不忘洗,衣垢不忘浣,此人之至情也。今也不然,衣臣房之衣,食犬彘之食,囚首丧面而谈诗书,此岂其情也哉?"王安石的不拘于常理更表现在他的施政理念上,他提出"祖宗不足法,人言不足恤"。此可以和李斯的"五帝不可师,三王不足法"相匹敌。事实上,二者在思想教育方面的确做了一些类似的政事,李斯通过"焚书"用以约束百家,王安石则编写《三经》重新界定儒家的解释,从而统一学术界的思想。并且将《三经》作为科举的考试内容,进而影响社会的学术方向。钱穆认为,王安石的科举改革,使得学校教育变得功利化,学校和学生都只重视《三经》,"而书院讲学之风亦衰。学者惟知科第,而学问尽于章句。"

罢免之后的王安石,潜心授徒著书。弟子记述他常骑驴游钟山,令一人提经为前导,一人背木凳随之,与诸生谈笑风生,同道学家们的褒衣博带、规行矩步迥然异趣,正表现出他作为教育改革家的独特风貌。

学出山林

——书院勃兴

"**青**云白石聊同趣,霁月风光更别传。珍重个中无限乐,诸郎莫苦羡腾骞。"这是宋代朱熹的诗《白鹿洞讲会次卜丈韵》,以他的山林读书治学之乐,与白鹿洞书院的诸生共勉。最初的书院,多建在山水幽静之地。学识渊博、志趣高洁的学者,耻于趋炎附势,为避锋镝,而离世筑房隐居,读书讲学。仰慕其学行的士子们,自各方而来,结庐其旁,从师就学。书院是我国所特有的一种教育机构,它以私人创办和主持为主,高于一般私学,也可以说它是私学教育发展的高级形态。书院对我国封建社会中后期教育的发展产生了重要影响。

书院之名始于唐代,原意为藏书与校书的场所。唐末五代十国纷争混战,社会动荡,官学衰落,学者们穷居草野,私学发达,私人创建的书院中也开始有聚徒授书的讲学活动。书院制度的形成在宋代。宋代"重文抑武"的方针,使士子们强烈要求就学读书,国家也需要大批治术人材,但却无充足的实力发展教育。书院正是在这一形势下得以发展的,至南宋时期达到极盛。

书院的规模较大,著名书院多设讲堂、斋舍百余间,还建有祭祀厅、藏书楼和各种景观,形成书院所特有的完整建筑群。南宋大学者陆九渊主持的象山书院,建在江西省贵溪县应天山。他率弟子开山造田、聚粮筑室,建成居仁斋、由义斋、养正堂、明德、志道、规斋等斋舍,以及储云、佩玉、愈高、蕙林、达诚、琼芳、濯缨池、浸月池、封庵、批荆等景观,加上陵高谷邃,林茂泉清,气象壮伟。陆九渊曾讲，倘能久居此山，以完成我的事业，是我的心愿。

书院的活动内容主要有供祀、藏书和讲学。当时的官私学校都必须祭祀先圣先师孔子，书院自然不例外。有的书院又祭祀其创始人以及学派的先辈，为了纪念本师，标明自己的学术特点和学风，也为了提高本学派的地位。有的书院还供祭各学派大师，使学生以先贤为榜样，加强教化力量。出于各种考虑，书院供祀的对象有的竟达数十人，以充分发挥树楷模激励后生的教育感化作用。书院始终有重视藏书的传统，书院主持人常常四处收索，谋求藏书，朝廷也多有赐书。所以各个书院差不多都成为当地藏书最丰富的场所。

书院的最主要活动当属讲学。陆九渊的门人记载象山讲学的情形说："听讲之人少时也不下数十百。先生先以收敛精神、涵养德性为训导，使诸生都俯首恭听。先生不仅仅是讲解经书，每每有启发人的本心之处，间或引经语为证。弟子中有初见先生时想质疑论辩的，有以所学自负的，此时都口服心服。遇到弟子想发表见解而言语不能自达时，先生则代为阐发，如同其所欲言，并从而开发其思想。弟子如有只言片语可取，先生一定要有所奖掖，人人都感奋激励。"

书院的教学质量比较高。它十分重视选择名师讲学，有时是由主持人自讲，有时延请别处的大师；学生也常是自行择师，有的慕名千里而来，有的学到中途易师。无论师生，都以学识和品行为重。书院往往是某个学派的研究与传播基地，它的讲学内容和学风自然具有学派的特点；而且不同学派互聘讲学、自由论辩，这是自朱熹和陆九渊的"鹅湖之会"公开争辩后，形成的书院讲学的优良传统。书院的教学方式也很有特色，强调学生自学读书，教学活动与学术研究紧密结合，师生同商量、共研习。因而书院的声誉和影响超过了官学，吸引大批士子前来就读。

书院大都订立了比较完备的条规，激励与管理并重。朱熹亲手拟定的《白鹿洞书院教条》成为书院的标准学规，它明确了书院的宗旨即"为学之目"，是"父子有亲，君臣有义，夫妇有别，长幼有序，朋友有信"；确定了教育教学的基本原则即"为学之序"，是"博学之，审问之，慎思之，明辨之，笃行之"；还有关于修身、处事、接物的基本要求。后世书院多以此为参照，逐步建立起一套完整的书院制度，从办学宗旨、培养目标、教育教学的内容和方式、教师的选聘、学生的条件、经费来源以及组织管理等等方面，都有明确而具体的规定。书院的发展日益制度化。

书院之中存有佛教影响的印痕。书院多地处山水幽僻之所，佛教的禅林讲学之地则在深山寂林。书院的教材始称为"讲义"，主持人叫做"山长"，这都是借用禅林讲学之中的称谓。禅林讲学备有详密的"清规"，书院也有"教条"。禅林讲学强调诵经和潜思静养，也为书院所吸取。因为隋唐时期提倡佛教，寺院林立，伴随佛学而来的文学、艺术等，对中国文化产生重大影响。书院正是以中国的传统私学教育为基础，融会吸收了佛教禅林讲学的教学方式和组织形式，并有所提高的结果。书院的发展不是全盘佛化，而是要取其所长，援佛入儒，扩大宋明理学的传播阵地，与佛教势力相抗衡，并且要广建书院与佛教寺观相抗衡。

官学的兴衰与科举制度，同书院的发展极为相关。北宋时期政府把教育的重点转向发展官学，掀起三次大规模的兴学运动，建立了从中央官学到地方官学的较为完善的体系，并规定士子须在官学读书三百日才能参加科举。朝廷还吸引大批名师巨儒到官学任教，提高了官学的吸引力。明朝初期，为了培养官吏，政府又大兴官办学校，书院只是沿袭元朝之旧。朝廷维持官学经费就已十分吃劲，更无力在经济上资助书院。而当官学在改朝换代、遭逢战乱或经费困难而废弛之际，书院便应运而大兴，显示出其特有的生命力。科举制度的腐败，引起社会的广泛不满，学者们甘居山林，潜心修学，反对习章句、务文词，耻于求声名、争利禄。因而书院讲学吸引了大批读书人。

朝廷对于书院，一方面给以支持，另一方面也注意进行控制。政府以赐田掌握书院经济,以赐书掌握教育内容,以派遣山长和教师掌握其领导权。元朝政府进一步加强了控制,书院走向官学化,山长授官衔并领俸禄,官办书院享受地方官学的同等待遇。由朝廷任命的山长与教师,渐有滥竽充数者,书院质量严重降低。书院又直接受到官学影响,渐成科举的附庸,清代的书院更是普遍训练八股文以应举取士,完全改变了书院探讨学术、培育人才的初衷。

明代有一个历史上名高誉重的东林书院,东林书院且有一副闻名海内的对联:"风声雨声读书声声声入耳,家事国事天下事事事关心。"它至今刻存在书院旧址的石柱上,是东林学士自由讲学、敢于议政的民主学风的集中反映。明朝的中后期,政治日益腐败,官学教育由盛转衰,书院再次勃兴,自由讲学之风大盛。奸臣当政、宦官专权,思想控制则愈来愈加强,曾四次禁毁书院。但是以东林为首的一批书院,逐渐形成政治集团和学术团体,以书院为阵地,议政论学,锋芒尤其指向宦官把持朝政。

东林学派的主要成员是吴越地区的中小地主的政治代表人物和政治上受排斥的中下层官吏,以及与之有密切联系的士大夫知识分子,朝野士大夫也有不少人响应。提倡和研究西方自然科学的徐光启、李之藻等人,也常到东林书院讲学。其教学活动独具特色,主要是定期召开学术讨论会,称为"讲会",主张做学问须集中众人的智慧。在讲会过程中,不仅论学,而且论政,相互问难,学术思想活跃,还经常和以诗歌,涤荡思想,开发性灵。

东林学派提出,天下事要天下人"众议"、"众为"、"众治",他们以讲学为名义而聚集,以书院为舆论阵地并组织力量,议论朝政的得失,抨击宦官当权派。这就刺痛了以魏忠贤为首的宦官集团,下令驱除讲学之人,尽毁天下书院,企图封住学士大夫之口。东林书院的人们决心与恶势力一斗到底,至死不屈。魏忠贤矫旨追杀东林人士,张贴"东林党人榜"于各地,波及者达309人。但是东林人仍不畏强暴,在其领袖人物的感召下,虽书院被禁毁,还是每日去书院旧址讲习,从不间断,以此表示对阉党的无声抗议。东林书院的自由之学和刚烈之风,一直为后世所景仰,成为我国书院的优秀代表。

至清,统治者开始实行严酷的文化禁锢政策,他们害怕书院的自由讲学之风会撼动其统治基础,对书院的活动严加控制。到乾隆、嘉庆年间,或许考虑到书院影响久远,禁不如疏,统治者又改变文化控制的策略,转而大力倡办书院;加之清代的学术重朴学,考据需要广搜异本、比勘众家,对文献的需求量极大,书院藏书又逐渐兴盛起来。清代的书院藏书事业,超过以往的任何一个朝代,主要原因是兴朴学,重经史,更有朝廷赐书和官员赐书,再加上自行刻书的越来越多,书院藏书一时蔚为大观。后来随着封建制度的迅速崩溃,书院制度也慢慢解体。光绪二十七年(1901 年),将书院改设为学堂,省城设大学堂,各府和直隶州改设中学堂,各州县改设小学堂,并多设蒙养学堂。于是,从唐朝兴起的书院,至此算是基本结束了。

不一样的学校

——私 塾

私塾是旧时私人兴办的初等学校，在中国封建社会，国家不负责初等教育。中央官学多为高等教育性质，地方官学多为参加科举考试做准备，属于中等教育性质。私塾承担初级教育包括儿童教育，因此它在整个教育体系中居于特殊重要的地位。

最早关于塾的记载是出自商代甲骨文。在殷墟出土的卜辞中，有多处提到了塾。塾在卜辞中作"埶"，两个字旁为上下结构。不过，商代的塾不是教育儿童的场所，而是宫门侧之堂。清人顾震福的解释是："臣朝君至门外，当就舍更详熟所应对之事。塾之言熟也，是塾本以熟思得名。"私塾是从更早的塾发展过来的。西周时期，塾只是乡学中的一种形式。《学记》追述西周的学制说："古之教者，家有塾、党有庠、术有序、国有学。"西周之前，学在官府，官师合一，塾的主持人是年老告归的官员，负责在地方推行教化。春秋时期，周王室式微，官学衰败，私学兴起。平民子弟也渴望获得知识和技能，于是私塾应运而生。除秦朝曾短暂停废外，私塾贯穿了2000余年的封建帝制社会，延绵不衰。

私塾是私家学塾的简称，中华民国之后多把"私"与"塾"读作一个词，以示与公立新式学堂的区别。封建帝制时期，人们称私塾为学塾、教馆、书房、书屋、乡塾、家塾，等等，比如鲁迅小时候就读的私塾便称为"三味书屋"。

私塾学生既有儿童，也有成年人。按照施教程度，人们把私塾分成蒙馆和经馆两类。蒙馆的学生由儿童组成,重在识字;经馆的学生以成年人为主,大多忙于举业。根据私塾的设置情况,私塾可分为义塾、族塾、家塾和自设馆。义塾带有免费教育的性质,以出身清贫家庭的子弟作为施教对象。族塾依靠族产支撑,属于宗族内部办学。族塾往往设在宗祠内,不招收外姓儿童。富家大户聘请名师宿儒在家专门教授自己的子女,这种私塾称为家塾。自设馆是塾师自行设馆招生的私塾,不拘姓氏。过去,私塾多为蒙学程度,以自设馆为最多。塾师文化水平悬殊,他们当中既有像蒲松龄、郑板桥那样的文化名人,也有不少粗通文墨的腐儒。

明清之际的私塾,按照设立情形可以分成三种类型:第一种是塾师在自己家里或借用祠堂庙宇开设的"门馆"、"家塾",学生交纳一定的学费入学读书;第二种是"私塾"、"族塾"或"义塾",由一族或一村延师设学,本族本村子弟免费入学。《红楼梦》中所讲述的贾家义学就是这种私塾的典型;第三种是由富贵人家聘请塾师来家教授自家和亲友子弟的"坐馆"、"教馆"。私塾也可按学生程度划分,有的只招收15岁以下儿童就学,学生仅有蒙学水平。多数私塾兼及更高程度,除识字外还教授经书,帮助学生应举,学生年龄从七八岁到二十几岁不等。

学生入学不必经过入学考试,一般只需征得先生同意,并在孔老夫子的牌位或圣像前恭立,向孔老夫子和先生各磕一个头或作一个揖后,即可取得入学的资格。私塾规模一般不大,收学生多者二十余人,少者数人。私塾对学生的入学年龄、学习内容及教学水平等,均无统一的要求和规定。

私塾的教学课时一般因人因时而有所不同,可分为"短学"与"长学"。教学时间短的称为"短学",一般是一至三个月不等,家长对这种私塾要求不高,只求学生日后能识些字、能记账、能写对联即可。而"长学"每年农历正月半开馆,到冬月才散馆,其"长"的含义,一是指私塾的先生有名望,其教龄也长,二是指学生学习的时间长,学习的内容也多。

私塾教师被称为"书师""塾师""孝经师""蒙师"等,一般由具有一定文化水平的知识分子担任,通常为一人,大的村塾则不定。唐代之后多由科举落第的童生、秀才担任。很多塾师治学严谨,学有专长,文化素质很高。但衣食不愁和稍有其他出路的人,一般不愿当塾师。正如民谚所言:"家有二斗粮,不做孩子王"。塾师地位低下,生活贫困。有的塾师自己设馆,或受聘于村塾、教馆等,收入微薄,不足以养家糊口,过着"半饥半饱"的生活。那些长年在外乡任教,一年中仅过年过节可以放假回家的塾师,生活就更困难了。清光绪年间有位名叫李森庐的塾师,年关致信其妻说:"我命从来实可怜,一双赤手砚为田。今年恰似逢干旱,只半收成莫怨天。"尽管工作辛苦、收入微薄,但塾师在学生和家长面前还得保持尊严、维持"斯文",最无奈时,只好自我解嘲:"戴顶破帽子,便说这先生好去打卦;穿件破衣裳,尽云这穷酸俨似叫化。"当然,也有教师会以苦为乐,看穿世事。清代郑板桥做过很长时间的私塾教师,他在《道情》十首中写道:"老书生,白屋中,说唐虞,道古风,许多后辈高科中,门前仆从雄如虎,陌上旌旗去似龙,一朝势落成春梦,倒不如蓬门僻巷,教几个小小蒙童。"豁达情怀,跃然纸上。

私塾面对的学生多为青少年,因此,教育方法尤为重要。明代王守仁就此指出:"大抵童子之情,乐嬉游而惮拘检,如草木之始萌芽,舒畅之则条达,摧挠之则衰痿。今教童子,必使其趋向鼓舞,心中喜悦,则其进自不能已。"遵循这一原则,王守仁论述选择了"歌诗""习礼"和"读书"的教育内容。王守仁强调通过科学合理的教育内容的安排,使儿童天性得以尽情地表现,教学必须充分注意儿童身心的特点,有规律地进行。基于这种观点王守仁对私塾中某些教师对儿童"日惟督以句读课仿,责其检束,而不知导之以礼;求其聪明,而不知养之以善",对儿童"鞭挞绳缚,若待拘囚"的庸劣教育方式提出了尖锐批评,指出这种扼杀儿童天性的教育方式是造成儿童"视学舍如囹圄而不肯入,视师长如寇仇而不欲见"

的根本原因,是导致师生关系紧张、学生厌学的罪魁祸首,其结果是为求其善,反驱于恶。

私塾教育由识字开始,清代王筠在《教童子法》中说:"蒙养之时,识字为先,不必遽读书。能识二千字乃可读书。"识字教学所用课本以《三字经》《百家姓》《千字文》为主,每本生字都不超过 1000 字,加在一起正好2000 字左右,且有一定的重复率。书中内容以三个字或四个字押韵成句,读起来朗朗上口,塾师不必多讲,只要求熟读背诵,儿童亦兴趣盎然。

一二年间初步完成了识字教育,即开始读书教育。所谓"读",是读出声音来,朗朗上口,强调读熟背诵。私塾教学长期奉行精讲多练、及时巩固的原则。私塾教师根据儿童记忆力强的特点,注意引导学生对基本知识的熟读牢记。宋代理学家程颐说:"勿谓小儿无记性,所历事皆不能忘。"朱熹也说:"读多自然晓";"读书千遍,其义自见。"这与后来的呆读死记是有本质区别的。古人之所以强调背书,并不完全是因为书文内容有多么重要,而是把背诵当成是重要的教学方法,因为只有如此,才能精熟不忘。

读的范围,首先是《大学》《中庸》,后读《论语》,最后读《孟子》。"四子书"的诵读次序,没有定规,但《孟子》总是后读。也有读书人家,启蒙时不读"三、百、千"等通俗启蒙读物,识了一些方块字后,就开始读四书。私塾教学始终坚持把道德品质的培养与文化知识的教学紧密结合在一起。学生研读儒家经典,不但提高了文化知识,同时也潜移默化的接受了儒家的纲常思想理论。

私塾教育首先是在读熟"四书"、"五经",明辨四声。在学会对对子的基础上,教会作八股文的形式,这是中级阶段。会作整篇八股文,然后再温习读过的经书,多读名家的八股范文,经常揣摩练习作各种题目的八股文,准备考试。也有未考进秀才,或已入泮之后,再准备考举人,仍在有名教师的私塾中学习,这就是私塾的高级阶段了。一个聪明的学生,在私塾教育中,大约要多少年教育,才能学会写好八股文呢?《儒林外史》中有一段详细的描述:"鲁编修因无公子,就把女儿当作儿子,五六岁上请先生开蒙,就读的是四书、五经;十一二岁就讲书,读文章,先把一部王守溪的稿子读得滚瓜烂熟。教他做破题、承题、起讲、题比、中比、成篇。送先生束修,那先生督课,同男子一样。这小姐资性又高,记心又好,到此时,王、唐、瞿、薛,以及诸大家之文,历科程墨,各省宗师考卷,肚里记得三千余篇,自己作出来的文章,又理真法老,花团锦绣。"

先秦时期,儒家只是百家之一,儒家思想没有被作为治国的工具使用。各个学派的思想都可作为私学的教学内容。随着社会形势的变化,汉武帝实行"罢黜百家、独尊儒术"的文教政策,儒家思想成为社会主流意识形态。儒家学说也成了私塾教育中的主要内容。隋唐之后,科举制度逐步成为朝廷选官的主要途径,学生以科举考试为终极目标。官学和私学自然也将科举考试的内容作为教学重点。科举考试主要是围绕儒家经典展开的。因此,儒家经典成为私塾的主要教学内容。明清科举考试采用八股文的形式,于是,八股文也加入到私塾的教学内容中。由此可见,虽然秦之后,官方再也没有禁止私学的行为,但是官方并没有放弃对私学的控制。

古代士人讲究修身、齐家、治国、平天下。因此,做官是每个读书人得以施展才华,实现人生梦想的最佳途径。朝廷控制了选官考试,也就控制了学校的教学内容,进而控制了社会的思想言论的走向。可以推想,一个学习医学,或者学习工程机械的学生,甚至包括钻研儒家典籍而没有掌握八股文的学生,都不能通过明清的科举考试,并以此取得官职。因此,国家通过科举考试控制了私学的教学内容。

私塾虽然没有完全成为科举的预备学校,但是在国家近代化过程中,私塾显然已经不能满足社会的需要了,想要改变学校的学风,改变僵化的教学方法和教学内容,首先要改变科举制度。1901年,清廷下兴学诏,鼓励地方兴学。1903 年,"癸卯学制"颁布推行。1905 年,科举制度被废除,为兴学让路。提倡新教育的人指责私塾不开设算术、历史、地理、格致,知识覆盖面过窄;教材长期不变,知识老化问题严重。显然,中国要想摆脱被动挨打的局面,不能不发展近代新教育。1906 年,学部向各省转发了江苏士绅提交的《私塾改良会章程》,支持民间组织私塾改良会。1910 年,学部颁布《改良私塾章程》,鼓励劝学所对私塾进行改良,调整私塾的课程、教材、教法,促使私塾向近代小学靠拢。20 世纪前半期,受政府更迭的影响,近代私塾改良活动时断时续。地方教育行政机构加强对私塾的管理,劝导或者逼迫塾师调整办学方式。

事实上,经馆受废科举的直接冲击,已经自动纷纷停闭。剩下的几乎都属于蒙馆。清末民初,义塾、族塾或者改办小学,或者停办。开办家塾属于家庭内部事务,地方政府不便过问。自设馆是最普通的私塾,自然就成了私塾改良的主要对象。据教育部不完全统计,1935 年底,全国有私塾 101027 所,已改良者 35394 所,未改良者 65633 所。经过改良的私塾称为改良私塾,办学介于新旧之间,是从传统私塾向近代小学过渡的教育机构。1915 年,商务印书馆为改良私塾设计了一个课程表,其中有修身、国文、算术、读经、体操、游戏。国文、读经采取复式教学形式,其他课则私塾学生合上。1936 年,杭州市政府教育科对全市私塾进行常识抽考,发现各塾平时对于常识课都不甚注意。其实,近代的改良私塾大多停留在这样的办学水平上:都开国文课,不少加授算术,部分采用小学教科书,但没有完全放弃传统蒙学教材。国文、算术需要塾师加以讲解,改良私塾为此添置了黑板、粉笔。

教育发展离不开经济基础。中国近代工商业非常稚嫩,小农经济无力为普及近代初等教育提供充足的经费,因此,私塾以其简单廉价的教学体制,实用的教学内容,得以在农村地区长期存续下来,直到新中国的建立。

中华人民共和国成立后,有些县还有私塾存在,多者达数百所;有些县私塾所剩无几,甚至已经完全消失了。教育部根据《共同纲领》的文教政策,把私塾视为一种私立学校,当成了改造的对象。1952年9月,教育部指示各地接办私立中小学:"为了进一步巩固与发展人民教育事业,以适应今后国家建设需要,本部已决定自1952年下半年至1954年,将全国私立中小学全部由政府接办,改为公立。"随后,私塾有的被并入小学,有的主动关门。到了50年代后期,私塾基本上在社会上绝迹了。

问渠哪得清如许

——教育家朱熹与"朱子读书法"

在中国整个封建社会的历程中,孔孟之道一直是地主阶级的正统思想。而自南宋开始的封建社会后半程里,对儒家思想有所继承又有所改变的程朱理学则居于主导地位。其代表人物就是宋代的朱熹,他的思想对其后的中国社会尤其是伦理道德方面,产生着深刻的影响。

朱熹生于世代为儒的书香门第,从小受着严格的家庭教育。他不但聪颖过人,而且求知欲强,时人目为"神童"。他五岁即开始读《孝经》,曾在书上题字曰:"不若是,非人也。"六七岁时坐沙画卦,对八卦产生了浓厚的兴趣。八九岁读《孟子》到"奕秋"章,慨然奋发,叹为学当专心致志。

朱熹的教育思想以"存天理,灭人欲"为基本的指导原则,他说:"学者须是革尽人欲,复尽天理,方是学。"朱熹的这一原则是建立在他的人性论的基础之上的。

朱熹认为,人性包括两个方面,一是天命之性,一是气质之性。在朱熹看来,太极之理是至善至美的。而人在这太极之下,都含有至善至美的天理道德。这叫"天命之性"。但是人为什么又有善恶之分呢?朱熹认为,天命之性是直接从太极之理产生的,是本然的、绝对的善。只是人在现实世界中所受的气有清浊偏正的不同,所以给人带来了善恶之分,这是阴阳二气交感的结果,这是"气质之性"。因此,教育的作用就在于变化人的"气质之性"。而对气质之性作祟的就是人欲。朱熹认为人欲是阻碍人们认识天理的最大障碍,所以必须除去不可,他说:"人之一心,天理存则人欲灭，人欲胜则天理灭，未有天理人欲夹杂者。"因而，教育必须要"灭人欲，存天理"。

要做到这一点，首先要认识天理。天理在哪里？朱熹认为全在圣贤书中。他说："圣人千言万语，只是教人存天理，灭人欲。"所以，朱熹在自己的教学实践中十分强调读书，并且主要是读儒家经典著作。他说："六经是三代以上之书，曾经圣人手，全是天理。"

朱熹一生十分重视读书，并有不少精辟之见。他有一首诗《读书偶得》："半亩方塘一鉴开，天光云影共徘徊。问渠哪得清如许，为有源头活水来。"勤奋读书才是源头活水，弟子把他的读书经验归要为六条，称"朱子读书法"，对后世读书人极具指导意义。

第一，循序渐进。两本书中，要读通一书后再读另一书。一本书中的篇章文句、首尾次第也应各自有序，不可紊乱。量力而行，字句要求通其意，通透前章才能读后章，不能急于求成，也决不可怠慢。朱熹安排读书计划的原则是"宁详毋略，宁下毋高，宁拙毋巧，宁近毋远。"

第二，熟读精思。朱熹指出有些人读书后记不得、说不出，都是不精不熟之患。学者观书，读得正文，记得注解，成诵精熟，如自己做出来的一般。他要求"看文字须要透；击其首则尾应，击其尾则首应。不可按册子便在，掩了册子便忘"。因此，先须熟读，使书中之言都若出自我之口；继之精思，使书中之意都似出于我之心。如俗语所说："读书百遍，其意自现。"

第三，虚心涵泳。读书时应虚怀若谷，静心思虑，悉心体会作者的本意，不能先入为主，穿凿附会。发现疑问时，应反复玩索，不要匆忙决定取舍。读好书时未解其意，只依据自家的见识去杜撰它，这般读书则难以长进。但是朱熹强调读书有疑不够，反而说"圣贤之书全是天理"，容易导致对书本的迷信。

第四，切己体察。读书不能只是在纸面上做工夫，须要躬行实践，身体力行。于文义间领会其意，在践履中体验其理，才能不流于肤浅，渐见意味。有读还要有做，否则虽然是日诵五车之书，也是徒劳，无益于学。

第五，着紧用力。朱熹要求读书抓紧时间，反对松松垮垮；集中精力，反对疲疲沓沓。他说："为学要刚毅果决，悠悠不济事。""且如发愤忘食，乐以忘忧，如救火治病然，如撑上水船，一篙不可放缓。"他又进一步讲：为学正如撑上水船，"方平稳处，尽行不妨。及到滩脊急流之中，一篙不可放缓，直须着力撑上，不得一步不紧。放退一步，则此船不得上矣。"读书也正如逆水行舟，不进则退。

第六，居敬持志，这是读书致精之本。要有远大志向，收敛此心，纯静专一，免奔波去浮躁，才能研读精深。朱熹提倡，读书时先除掉世俗的心境，暂时忘却杂务的烦恼，"耸起精神，竖起筋骨，不要困，如有刀剑在后面一般。"

"朱子读书法"六条是一个整体，有内在的逻辑，是一个完整的读书、求学、进业的程序和步骤。"循序渐进"包含读书的"量力性原则"，"熟读精思"包括读书的"巩固性"原则，"虚心涵泳"包含读书的"客观性"原则，"切己体察"包含读书的"结合实际"原则，"着紧用力"包含读书的"积极性"原则，"居敬持志"包含读书的"目的性"原则。"朱子读书法"不仅是单纯谈方法，而且贯穿着对治学精神与学习态度的要求。其论述颇为精彩，分析也很深刻，对于今人仍有所启发。

朱熹是南宋理学思想的集大成者，又是其时代最著名的教育家，他的教育思想和活动直接影响了我国封建社会后期的教育。朱熹认为：对一个人的教育分为"小学"和"大学"两个阶段。并分别提出了两者不同的任务、内容和方法。教育的内容应该包括德育和智育两部分，二者不可偏废。

朱熹指出：道德教育是儒家教育思想的核心内容之一。他说："德行之于人大矣。士诚知用力于此，则不唯可以修身，而推之可以治人，又可以及夫天下国家。故古之教者,莫不以是为先"。德育要放在教育的首要位置,如果单纯追求知识和技术的教育,人就会像离群的"游骑",迷失方向。我们可以发现,近代教育在追求的实效性的同时恰恰忽略了德育教育。

华夏文化泽被海外

——中外交流

中国古代教育曾有过辉煌的成就,与各个国家和民族的交流互访十分活跃,对世界文化教育的发展做出了突出的贡献。自两汉、三国时期,我国和邻近国家就已有友好往来。隋唐时期,中国封建社会达到鼎盛,政治、经济和文化教育都很发达,居于当时世界先进国家的行列,对外交往日益频繁。元代时中国的版图最大、势力最盛,同欧亚各国的关系进一步发展,相互间的文化教育交流更为发达,在史册上留下了一段段佳话。

中国与朝鲜、日本的友好关系更是历史悠久,文化教育的联系非常密切,中国文化对它们的影响巨大而深远。连日本学者也承认:"日本中古制度,一向被认为是日本所固有的,然而一翻开唐史却发现有好多完全是模仿唐制的。"所以有人说朝鲜文化和日本文化受中国文化的影响是既久远又深广的。至今在日本的语言、文学、宗教、思想、艺术乃至风俗习惯里,依然保持着唐朝文化的影响。中外文化教育交流的盛世正是在唐朝。

自魏晋至隋唐时期,在朝鲜半岛上存在着高句丽、百济、新罗三国并立的局面。高句丽是最早传入汉字的国家,公元372年建立太学以教育贵族子弟,教育内容主要是传授中国的《五经》《三史》《三国志》及《春秋》等典籍,此外还设私学,也读中国古籍。百济人读中国书,用南朝的《元嘉历》,婚娶礼仪也略同汉族,并将儒学和佛教作其治国的指导思想,曾派博士王仁携带《论语》《千字文》出使日本，为传播儒学做出贡献。新罗的"花郎道教育"，其教育对象花郎是贵族子弟。教育宗旨为"入则孝于家，出则忠于国"。学习内容是"孝悌忠信""理国之要""五常""六艺"等，也有"处无为之事，行不言之教"的道教思想。"诸恶莫作，诸善奉行"的佛教内容，显然是吸收并杂糅了中国的儒、道、佛三家思想而成的。三国都向唐朝派遣了留学生，多时竟达百余人，学习时间为十年。唐太宗征求天下名儒为学官，教授留学生，学官可得升迁。留学生的衣食住行皆由唐朝的鸿胪负责，购置书籍的费用则是本国负担。

新罗借助唐朝的力量，统一了朝鲜半岛。仿照唐朝的官学教育制度，新罗建立国学，供奉孔子及十哲、七十二贤人的画像。国学的教育目的，主要是培养所谓圣人和君子，正同于儒家传统的教育思想。国学的专业设置有儒学、算学和医学三科，儒学居于主导地位，学习内容主要是中国儒家的经典；算学和医学中也有《缀术》《九章算术》《本草经》等中国古籍。唐朝末期，新罗留学生在科举宾贡科及第者有58人，崔致远18岁考中进士，并在淮南节度使下为官。他归国时带回许多中国的文化典籍，参照唐朝科举中的明经科，制定了"读书三品科"制度，根据考生对儒家经典的理解程度选拔人才。中朝两国往来频繁，关系密切，朝鲜大量吸收了中国先进的文化教育，从而加速其发展。

日本四派遣隋使，开始了中日文化教育的密切交流。圣德太子意欲废除氏族制度，建立以皇室为中心的中央集权制国家，以儒学和佛学治国，派留学生和学问僧到中国学习，改变了通过朝鲜吸收中国文化的状况。学者归国后积极传播儒学和佛教，有的支持和参与大化革新，有的兴办私学。日本又派出遣唐使12次，每次人员多达五六百人，少时也有二百余人，不仅经常带领许多留学生和学问僧，还有医师、画师和各种艺师、工匠等，全面地学习中国的儒学、佛学、哲学、文学、医学、天文历学、音乐、舞蹈、绘画、建筑、手工业技术和政治法律制度。

遣唐使因为是文化使节，日本政府对其官员的遴选极为慎重，需要能在短期内习得唐朝学术、制度的硕学俊彦，并且回国后能推动各方面的改革。唐朝对遣唐使热情接待，选派学者为之传授儒经，曾准许其大使纵览经、史、子、集四库存书 8.9 万卷，参观内存九经三史的三教殿，为其学习提供便利条件。

留学生在中国居留的时间较长，少则 15 年，多至 32 年，对中国文化教育的理解和掌握也较深，回国后在传播中国文化教育方面发挥了重大作用。留学生中最著名者是阿倍仲麻吕，中国名字为晁衡，20 岁入大唐攻读经学和诸艺学，四年后完成"国子学"的学业，考中进士，并曾官至安南节度使。他还以唐朝使臣的身份，随日使一度回日本，在增进两国人民友谊、促进文化教育交流上做出重要贡献。吉备真备在唐精修过三史、五经、名刑、算术、汉音、书法等六道，回日本之后在大学寮教授六道，把对中国三史的研究应用于日本国史的撰修，使日本改用唐朝的太衍历，并以《唐礼》协助日本政府修订礼典。

唐朝派出遣日使十次赴日答礼，其中也有学者和名僧到日本讲学。高僧鉴真历尽艰险六次东渡，终于到达日本，受到礼遇，日本朝廷为他修建了戒坛院和唐禅院。鉴真设计指导日本建造了唐招提寺，并以带去的大批经书和珍贵的艺术品为日本佛教文化提供取法的范例。鉴真精通医药，为日本医药界鉴定许多中草药，还留下医书《鉴上人秘方》。鉴真的传教活动不可胜计，接触过成千上万的僧侣、官吏和平民。他的 24 位弟子都是中国各大寺院的名僧，这些盛唐时期培养出的学有专长的优秀人才，和鉴真大师一样终老于日本，合力传播中国的文化教育。

日本大化革新以后，效仿大唐建立起贵族学校教育制度。朝廷任用留学中国多年的高向玄理和僧旻为管理教育的博士，创设官办学校。仿唐制定的《大宝律令》中有"学令"，规定了学校教育制度有关事项。在京城设立大学寮，在地方的"国"设立"国学"，都以儒家经典为主，学习汉字是入门课。当时的私学,也多以传授儒经为主要内容。大学以培养参与国事的官吏为目的,学生可免费免税。学校经考试向太政官推荐,由大学推举的学生叫举人;由国学推选的学生称贡生,还要参加式部省考试,试题是儒学与汉学方面的内容,考取者便授官职。这种科举考试制度也是模仿唐制。日本人以唐为鉴,发展着本民族的文化教育事业,他们对世界先进文化惊人的吸收和消化能力,大大加快了自身的发展速度。

元代的广大疆土在客观上为沟通中欧、中亚文化创造了条件,元代皇帝对接受外来文化和外国学者,采取开明政策,保护和任用外籍学人。元世祖忽必烈礼遇并重用意大利学者马可波罗;波斯天文学家札马鲁丁向元朝进献《万年历》,并制造西域仪象;东罗马人爱薛被元朝聘用,职掌星历、医药二司。他们为中国传来了欧亚等国的科学文化技术;中国文化也在这个时期传入阿拉伯、欧洲及东南亚各国,如火药和指南针等。

直到明代中期,中国的科学文化始终是雄居世界之首,各国对中国文化极其关注。世界上任何一个国家和民族的文化教育事业的发展,都是与其他国家间相互影响和吸收的过程之中,不断地发展前进。而"西学东渐"之后,中外的文化教育交流则是另一番情景了。

天资聪慧的阳明先生

——教育家王守仁

王守仁,号伯安,浙江余姚人。生于明宪宗成化八年(1472),死于世宗嘉靖七年(1528),享年57岁。因为他时常在阳明洞读书,所以别号阳明,后来一般学者就称他为阳明先生。

王守仁出身于官僚地主阶级知识分子家庭,他的父亲王化在明成化五年考中进士第一名,曾屡次为皇帝的侍讲,官至南京吏部尚书。他6岁才能说话,在少年时天资聪慧,气概不凡,很想做一个义侠或者一个军事家,平生没有拜过一个师傅。18岁时,由于娄一斋的启示,才开始研究儒家学说,有志于"圣贤之学"。

王守仁一生除从事政治活动和学术研究外,就是从事教育实践。王守仁自34岁起从事教育工作,到57岁病逝时止,共讲学23年。其中有17年是一面从政,一面讲学,其余6年则专门从事授徒讲学活动。王守仁所到之处,讲学活动不断。他热心初等教育,为乡里办社学,颁布教规,亲自给农闲的村民和其子弟讲课;他热心于高等教育,自创濂溪书院,主讲于阳明书院和白鹿洞书院。

在哲学思想上,王守仁承袭了孟子和陆九渊的主观唯心主义的学说并加以发展。其主要内容有"心即理""知行合一""致良知"三部分。"心"即"理",是说"心"与"理"合二为一,不可分离,"心"即人的主观认识;"理"即事物的规律。他以为凡事物的规律都在人心之中,世上不存在离开人的主观认识而独立存在的客观规律。他承认事物的运动变化,但不承认其变化是自身运动，而是源于人心。显然，这是用主观认识代替客观规律，从而泯灭了主客观的界限。"知行合一"是王守仁哲学思想中最值得重视的部分。他认为"知"与"行"是相互渗透的。他说："行之明觉精察处便是知，知之真切笃行处便是行。"他认为真正的知必能实行。表面看来，"知行合一"在于指导人们注重实践，而实质上，他的"知"只是从先验论的"良知"上得的"知"，"行"也是内心体验得到的"行"。他的"知"没有客观科学依据，他的"行"不是变革现实的实践。

到了晚年，王守仁又根据他的"心"即"理"和"知行合一"的学说，提出了唯心主义先验论的"致良知"思想。他把人心中的"理"称作"良知"，"良知"是心的本质，一切事物及其规律都包括在"良知"之中。先天的不教自能的封建道德观念品质都包括在"良知"之中，且始终存在于生命的全过程，既不会减少，也不会丢失。而圣人之所以为圣，只是"天理全"，"良知常在"，一般人因受私欲蒙蔽而产生许多不良行为。要使人"良知"常在，就要"存天理"、"去人欲"，"人欲"不去，则"天理"不存。"致"字就是要"去人欲"，"存天理"。

基于"致良知"和"知行合一"的哲学观点，王守仁提出了自己的教育主张。

从教育目的看，王守仁没有超出儒家思孟学派的一贯主张，即"致良知"，"明人伦"。王守仁说："良知即是天理"，是"心之本体"，是与生俱来的，是不学自能，不教自会的生理本能。他说："不待虑而知，不待学而能，是故谓之良知"；良知是不分智愚，人人都有的。所以人人都有受教育的可能。也由于"良知"常为私欲蒙蔽，故人人都有受教育的必要。所以"故须学以去其昏蔽"。"学以去其昏蔽"就是"明人伦"。王守仁说："古圣贤之学，明伦而已。人伦明于上，小民亲于下，家齐国治而天下平矣。是故明伦之外无学矣。"通过教育，去人欲，致良知。教育的作用就是恢复良知，使人们"见父自然知孝，见兄自然知悌，见孺子入井自知恻隐,此便是良知,不假外求"。

在教学原则和方法上,王守仁从他的"知行合一"的哲学观点出发,结合自己的讲学经验,提出了学和行相结合的原则。尤其是在道德教育上,反对知行脱节和"知而不行"。他还注重"自求自得"的原则。他说:"君子之学求以得之于其心。"主张独立思考。"夫学贵得之心,求之于心而非也,虽其言之出于孔子,不敢以为是也,而况其未及孔子者乎!求知于心而是也,虽其言出之于庸常,不能以为非也,而况其出于孔子者乎!"反对盲从典籍,提倡独立思考,是他教育思想的一个重要特色。

关于教育内容的问题,王守仁认为教育的基本内容应该是"六经"。他认为"六经"是宇宙间永恒而普遍的真理,它与世界上的万事万物之理一样,其根源是存在于人的本心的。在王守仁看来,"六经"只不过是人"本心"的账簿罢了,经书之所以重要,是因为经书中的义理为人心所固有,之所以把经书作为最基本的教材,是因为经书中的义理能帮助明了我心之常道。除此以外,王守仁认为写字、弹琴、吟诗、习射、习礼等是研习六经的基础,对陶冶本心也是很有价值的。

王守仁主张读书要在自己的本心上下功夫,要勤于思考,注重思维的意义、新思想的价值。王守仁认为学者治学不应仅在书本上死抠硬缠,这不仅因为读书人不一定品德好,而且因为书本知识并不完整,不能囊括殆尽。因为古人不知道的不在书本上,未来要创造的也不在书本上,因此,只迷信书本,崇拜偶像、圣贤,不注意个人的思考和创造,只注意"知"不注意"行"是错误的。所以,他积极鼓励学生在研习"六经"的同时,突破"六经"的束缚,注意对自己本心的挖掘和体会,形成自己的思想观点和学术主张。

与朱熹一样,王守仁主张学习上的循序渐进。沿着人的"精气日足,筋力日强,聪明日开"的顺序发展。他还根据人的资质、个性的差异提出了施教须"随人分限所及",即是说教育要根据儿童接受能力达到的程度进行,不能用一个模式去束缚儿童,要通过教育发展儿童的个性。

在儿童教育上,他反对"鞭挞绳缚,若待拘囚",主张"必使其趋向鼓舞,中心喜悦",以达到"自然日长日化"。他主张儿童教育的内容应"诱之诗歌",即用唱歌吟诗的方式教育儿童。他主张"导之习礼"。即用礼义教育儿童,养成一定的礼义习惯。他还提倡"讽之以书",通过读书,开发儿童智力,增长知识,最终达到使儿童"渐于礼义而苦其难,入于中和而不知其故"。并相应地制定了五条教约,按照"先考德;次背书诵字;次习礼或作课仿,次复诵书讲书,次诗歌"的程序,对学生进行德、智、体、美等方面的教育。

王守仁所提出的教育内容、教学原则和方法等一些主张对当时的教育改革起了积极作用,对后世的影响也是很大的。

赚得英雄尽白头

——科举取士

古时有一首《劝学诗》，流传极广，诗曰：

> 富家不用买良田，书中自有千锺粟。
>
> 安房不用架高梁，书中自有黄金屋。
>
> 娶妻莫恨无良媒，书中有女颜如玉。
>
> 出门莫恨无随人，书中车马多如簇。
>
> 男儿欲遂平生志，六经勤向窗前读。

这首诗是宋代真宗皇帝所作，鼓励天下士子苦读经书。读书何以有如此巨大的功用？因为只有读书才能参加科举，参加科举才能赢得帝王赐予的功名与利禄，科举成为从读书到做官之间的桥梁，天下士子皆为王朝所用。"一举首登龙虎榜，十年身到凤凰池。"登科中举，更是封建时代书生极尽荣耀的人生乐事。

学而优则仕。科举，是中国封建王朝设科考试选拔国家需要官吏的一种选士制度，由分科举人而得名。所谓"选士"就是在全国的"士人"阶层中选拔人才，符合标准者将被纳入行政系统，担任从地方到中央的各级官职，成为统治阶层的一分子。在中国传统文化中，"士人"通常被认为具有超乎常人的道德操守和知识技能，这种观念是如何形成的呢？我们不妨简单回顾一下"士人"在中国历史中的演变过程。

在西周的封建制下，"士"是古代贵族中最低的一级。从春秋时期起，分封制逐渐解体。一方面，上层贵族有下降为"士"的；另一方面，下层的

"庶民"也有上升为"士"的,于是"士"的数量激增,形成了一个有势力的社会群体。这些散播于民间的"士人"具有各自的学术思想,并且致力于将这些思想灌输给包括统治者的社会各个阶层。这一社会变动至战国时期完成,于是"士"作为一个特殊的社会阶层正式登上中国历史的舞台,并且在战国时期形成了几大学术体系,最先兴起的有儒家和墨家两大学派。

孔子认为:"士志于道"。这界定了"士"的社会功能,也就是说"士人"必须担当起变"天下无道"为"天下有道"的重任。子夏进一步提出:"学而优则仕"。他把"士人"的社会职能更加具体化了。墨子处身于战国初期,中央政权分崩离析,比起春秋时期,"士"拥有更加宽阔的政治舞台。因此,墨子直接要求各诸侯王"尚贤"和"亲士"。他强调"贤良之士"是"国家之珍,社稷之佐",因为他们"厚乎德行,辩乎言谈,博乎道术";君主必须对他们"富之、贵之、敬之、誉之"。同时他警告说:"缓贤忘士,而能以其国存者,未曾有也。"事实上战国诸侯的确把招贤纳士作为一种强国的政策,齐国的"稷下学宫"就是在这种社会背景下应运而生的。"士人"也在"士、农、工、商"四民中名列首位。所谓四民,实际上是对平民阶层的一种社会分工。孟子说:"士之仕也,犹农夫之耕也。"意指"士人"的社会职能就是做官。选官制度则决定了士人能否进入到官僚体系的核心位置。隋唐以前,选官是以荐举为主要方式,以考试为辅。汉代施行"察举制",由地方官负责推荐各类人才,经皇帝考核后留用。结果实权操纵在地方权门之手,不利于中央集权;而且营私舞弊严重,举荐上来的秀才却不知诗书,孝廉之士则不与父母同住侍奉。魏晋南北朝时期行"九品中正制",方法是把士人按才能和门第分成九等,根据等级高低来选才充任政府的大小官吏。但凡出身高贵者皆列为上品,又形成了豪门士族地主专权的门阀政治。

南朝后期以来,"士"阶层中那些没有出身背景的"寒门子弟"开始抬头,他们要突破门阀的政治垄断,争取入"仕"的机会。这是科举制取代九品中正制的历史背景。唐代是门阀贵族逐步衰落的时期,中、下层的"士"通过科举在政治上则逐步上升。因此"进士科"的地位也不断被提高。但门阀的彻底衰亡发生在五代、北宋之际,只有当贵族门阀彻底瓦解,"四民社会"才有机会普遍成立。"四民社会"不仅仅为社会成员确定了各自的身份,同时也为社会各阶层之间建立了一个流动转化的机制。事实上"四民社会"最主要的作用是进一步清除了分封制的残余影响,加强了皇权,有利于中央集权的统治。"士"仍然是"四民之首",但"士"已不能世代保持其地位,随时可以降为农、工、商。另一方面,农、工、商也不是固定的职业,同样有上升为"士"的机会,苏辙在熙宁二年在给皇帝的奏疏中说:"凡今农、工、商贾之家,未有不舍其旧而为士者也。""士"成为社会各阶层的流动目标,这使得"士"具有了举足轻重的社会地位。在某种情况下,"士人"可以影响统治集团的稳固性。因此,大一统的中央政权必须控制住"士"这个阶层,而最好的办法就是让"士人"加入到统治集团当中去。

隋朝重新建立起统一的中央集权制封建国家后,为集中选士权,解决地主阶级内部矛盾,团结广大寒门庶族地主,科举取士应运而生。

科举制有一个逐步完善的过程。"隋炀帝始置进士之科,当时犹试策而已。""于是后生之徒,复相仿效。因陋就寡,赴速邀时。辑辍小文,名之策学。不以指实为本,而以浮虚为贵。"由此可见,隋代科举制草创伊始,只是试策小文,还很不成熟,没有一套规范的制度。唐朝继承并发展了隋朝的科举制。唐高祖五年的选举诏令标志着以面向社会,自由报考,公开竞争为特点的科举制度的正式建立。考生来源主要有三个:一是学校出身的曰"生徒";二是通过州县地方考试选送的"乡贡";三是皇帝亲自选中的考生"制举"。唐代的科举考试分两级进行,即地方州、县及中央官学的预试和尚书省的省试。明初,朝廷急缺人才,于是多渠道选官,荐举、科举、学校三途并用。宣德之后,荐举实际废除,学校并入科举,于是选官只剩下科举一条道路。

科举制度渐为成规。读书的士子先要参加"童试",被录取者为"秀才",这是功名的起点。正式科举考试分成三级:第一级为"乡试",每三年举行一次,在各省的省城进行,秀才方有资格参加考试,考中者称"举人";第二级为"会试",在乡试的第二年举行,由掌握全国仪礼、科举和学校的礼部主持,举人方可入京参试,考中者称"贡士";第三级为"殿试",在大殿进行,皇帝亲自命题主试,由贡士参加,考中者为"进士",进士的前三名各有专称,依次为"状元""榜眼""探花"。进士们便可由皇帝封给官职,进入封建官僚集团。

科举考试的内容,主要是《四书》《五经》等儒家经书。考试的方式有五种:口试,这是应考的第一步;帖经,就是把经书上的某行贴住几字要考生写出,相当于填空题;墨义,即考经文及其注解;策问,论文式的对策;诗赋,要做严格的格律诗。这些就成了千年来做官的敲门砖,士子们汲汲于此,"两耳不闻窗外事,一心只读圣贤书"。

明清两朝,科举增加了"八股文"。它以《四书》《五经》的内容命题,限用一定的格式、体裁、语言及字数写成文章,并且每篇要由破题、承题、起讲、入手、起股、中股、后股、束股八个部分组成。"破题",就是用两句话说破题目的要义;"承题",即承接破题的意义而阐明之;"起讲",是文章议论的开始;"入手",指起讲后的入手之处;"起股"直至"束股",才是正式议论,而以"中股"为全篇的重心。在这后四部分中,每段都要有两股排比对偶的文字,合计为八股,故称"八股文",也叫"八比文"。非但格式极其呆板,每篇的字数也有限定,多则不可超过七百字,少则不得低于三百字。八股文只能根据题意揣摩古人语气,以孔子之是为是,以孔子之非为非,即所谓"代圣贤立言"。经义的解释,要以朱熹的《四书集注》等为准,考生绝不可发挥自己的见解,更不能联系现实的政事。这是明清两代封建专制主义加强的结果,形式与内容都腐朽死板的八股文,束缚了人们的思想,使科举制走向没落。

这里我们要注意到一个问题,那就是学校在科举制中处于一个什么样的位置,学校与科举制是什么样的关系呢?我们不妨从教学内容的变化来进行分析。先秦时期学校讲的是百家思想,秦汉之后官方太学讲的是儒家思想。因此,唐代科举考试内容以儒家《五经》为主,"进士"科虽说重诗、赋、策,但高宗时已加试"经",德宗时增加口试经义。宋代科举考试内容也是以《五经》为主,但是对于儒家经典的解释有很多种,各种解释差异很大。当程朱理学成为主流思想的时候,科举考试的内容也随之改变。朱熹的《四书集注》成为元、明、清科举考试的内容依据。于是学校也转为主要教授《四书》,一些学生甚至不去看《五经》原文,因为把《集注》背下来就可以应付考试了。士大夫们为统治者提炼统一社会思想的理论,这些理论同时也成为科举考试的内容。很难单纯的说科举制束缚了学校,因为二者之间的关系是相互作用的,学校在中央集权强大的时候是科举制的附属品,它使得国家意识形态更加趋同。但是每当出现政局动荡,学校就成为社会言论的策源地,它会使社会更加不稳定。1905年科举制被废除,这同样是出于士人的意愿,是士人斗争的结果。学校仍为士人的家园,为官僚集团培养预备人才,但是士人直接进入统治阶层的大门已经被关闭了,相对来说科举的废除使士人的社会影响力被降低了。

隋唐至明清,科举制虽然不断变化和发展,但是其主旨未变,那就是国家力图通过一个公平而开放的考试制度,把社会各阶层吸引到统治集团周围,这样不但为中央政府输送了新鲜血液,也统一了各阶层的意识形态,使社会处于一个稳定的状态。

科场生活是十分艰辛的。十年寒窗之苦难以言表,单说过关斩将之后的京城大考。考试那天,莘莘学子各个手提肩背一些物件,包括考生们需要自带的饮水、炭火、膏脂、蜡烛、食物、餐具等等杂项。考场兵卫森严,考官唱名并搜索衣服后方可入场,以防假滥。外面大雪纷飞,考生席地而坐。考试以一天为限，到晚上允许点蜡，三支蜡烛烧尽时，便要收卷。考试的情形实在让士子们难堪。

待到科举及第，则是另一番风光，人称"登龙门"，意思为鱼跃过此门后即化身为龙。主考官派人给考中的学生家报送"金花帖子"，要用黄花笺书其姓名，花押在下。榜帖到家时，乡曲亲戚要以声乐相庆，大宴开贺。中进士者照例大会于曲江亭（今陕西省长安县东南），皇帝登紫云楼垂帘观看，百姓倾城围观，公卿大户们这时正好为女选婿，盛宴泛舟竟日欢游。游宴后进士们要在慈恩寺塔题辞。白居易 27 岁及第，曾写诗道："慈恩塔下题名处，十七人中最少年。"得意之情，溢于其中。中举者名誉地位鹊起，俨然天上的谪仙，亲戚朋友则一如仆欧。真是乾坤为大，日月变长，难怪士子们趋之若鹜。

科举制度标榜"唯才是举""公正无私"，实际上陋规重重，弊端百出，是又严格，又荒唐。唐宋时为防止考官认明考卷上的姓名以便作弊，创造了考卷糊名的办法；为防止考官认识笔迹、搜寻自己人的考卷，实行了以专派人员逐卷抄写后再送给考官的办法。

严密防范的形式后面，却是公开的拜名师，求显门。唐代中期，考生要得到著名公卿的捧场，经过他们向考官推荐，才能考中，这叫"求知己"。士子们忙着往来拜访公卿，奉献礼物、请看文章。白居易应举时，先以其诗投拜顾况。顾况见其姓名，随口道："长安的米价正贵，居亦不易。"待开卷读诗，首篇是："离离原上草，一岁一枯荣。野火烧不尽，春风吹又生。"顾况赞叹说："有如此好诗，居也容易。"从而为白居易振名延誉，白居易年轻得志，早中进士。卢延让连续应考 25 次，直到最后做些怪僻诗，如"饿猫临鼠穴，馋犬舐鱼砧"，"栗暴烧毡破，猫跳触鼎翻"，这才得到赏识，他不胜愤慨地说："我一生请谒公卿，却不料还得靠猫儿狗子的力量！"

能否考中，关键不在于文章的好坏，而决定于考官的私意和爱憎。

唐朝的裴坦任主考官时，录取考生的名单，由他的两个儿子根据送礼多少在家中预先拟定。宋代秦桧当权之际，公开提拔亲信，排斥异己，科举考试变成结党营私的手段，秦桧之子秦熺、孙秦埙都被授为状元，亲信也均得进士及第。科举的奔竞作弊之风，长了豪势，毁了人才。

科举考试制度，比其他的选士制度较为合理进步，也曾选拔出一些忠义有为之士，但终究改变不了日渐腐朽的趋势。科举制度对学校教育和士子学风产生直接而深刻的影响。它一方面促进了学校数量上的发展，但学校的培养目标就是准备参加科举，读书人中广泛形成了做官发财的思想，"万般皆下品，唯有读书高。"科举考试注重文辞、帖经墨义，学校教学也偏于文辞、记诵经典，而缺乏实学，科举制度对教育产生很大的消极影响，到八股取士时更为极端。清朝的徐大椿叹道："读书人，最不齐。烂时文，烂如泥。国家本为求才计，谁知道变做了欺人技。三句承题，两句破题，摆尾摇头，便道是圣门高第。可知道三通、四史是何等文章；汉祖、唐宗是哪一朝皇帝。案头放高头讲章，店里买新科利器。读得来肩背高低，口角嘘唏。甘蔗渣儿嚼了又嚼，有何滋味？辜负光阴，白白昏迷一世，就教他骗得高官，也是百姓朝廷的晦气！"这实在是对科举制一针见血的批评，也是莫大的讽刺。

据说唐太宗在端门，见新科进士鱼贯而出，得意地说："天下英雄都落入我的圈套之中了。"这话透露出了统治者以推行科举制，笼络知识分子，控制人们思想的居心。因而后人做诗说："太宗皇帝真长策，赚得英雄尽白头。"

中国人首次看西方

——西学东渐

最初的西方学者是以传教士的形象出现在中国人面前的。其中最有名的莫过于传教士利玛窦。他从里斯本出发辗转万里进入广东,他在中国传教27年,最终病逝于北京,并且就埋葬在了那里。利玛窦以非凡才华在中国的上层社会产生了巨大的影响,他和礼部尚书徐光启建立了深厚的个人友谊。在19世纪之前的欧洲,罗马教廷掌握着巨大的知识和财富,是欧洲各国的精神支柱。17世纪前后,欧洲国家完成了资本上的原始积累,并在科技上取得了革命性的进步,西学东渐成为必然。传教士也顺理成章地成为了西方文化的使者。

最早充当"西学东渐"津梁的,是传教士布道团,他们在传教活动的同时,带来了西方的先进科学技术。利马窦是来华传教的第一人,他在北京居住十年,总共译著了《几何原本》《乾坤体义》《测量法义》《万国舆图》等20多种自然科学书籍,向中国人大量地介绍了西方科学知识。在他之后还有传教士陆续来华,其中传播科学比较著名的有汤若望、南怀仁、艾儒略、熊三拔等人,他们也都得到了自明朝万历年间至清朝乾隆年间一些皇帝的赏识。

在利马窦来华介绍地理知识之前,中国人还不知世界有五大洲;后来南怀仁等绘制了《坤舆全图》;康熙年间雷孝思等又传授了测绘知识,并协助中国人完成了全国地图的测绘,名为《皇舆全览图》。利马窦口译、徐光启笔述的《几何原本》,是传教士来华翻译的第一部科学著作。

西方几何学的传入,对我国数学界产生了一定影响。利马窦与李之藻合译的《同文算指》,是最早传入的西方算术书,介绍了算术笔算法。穆尼阁经由我国数学家薛凤祚协助,介绍了对数、三角等近代数学知识。汤若望、南怀仁等人先后担任过钦天监监正的职务,参与了明末清初的修改历法。他们介绍了西洋历法,编制了天文计算表,引进了望远镜等天文观测仪器,并帮助中国培养了一批精通西方历算的人才。邓玉函来华后传授力学知识,由王徵笔译《远西奇器图书》以介绍西方物理学。汤若望口授、焦勖笔录的《火攻揭要》是最早传授西方火器知识的书籍,汤若望和南怀仁还先后受命铸造枪炮,刊行了《神武图说》。

康熙年间,是西方科技传入最活跃的时期。康熙皇帝曾从师南怀仁,学习欧几里德几何学,后来又学过测量学、天文学、物理学和医学,并在皇宫中设立化学和数学实验室,又颁布了新历法,组织编制全国的版图。在他的支持下,巨著《数理精蕴》编成,介绍了 17 世纪以来西方的数学发展,堪称是西方数学的百科全书。康熙皇帝的这些做法,直接促进了西方科学技术的传入。

传教士们宣传西方的科技,主要是为其传教活动服务的,用科技为宗教开路,同时也配合着欧洲资本主义的殖民扩张。为了维护教会的利益,传教士传播天文知识的时候,竟没有将当时先进的哥白尼学说介绍给中国,反而传授的是已经落后几十年的第谷天文体系,因此造成了我国天文界一时的混乱。以徐光启、李之藻为代表的士大夫,与传教士相交较深,由于历史和阶级的局限,他们对传教士来华的目的缺乏清醒的认识,对传入的西学缺少审慎的分析,片面地认为西方的科学一切皆好。徐光启等人为发展我国的科学事业,培养造就科技人才,锐意求新,反对守旧,努力学习和传播了西方先进的科学技术。但是,不加分析地抛弃传统,只能使我国的科技缺乏坚实的发展基础和自己的特色。

传教士们毕竟不是科学家,他们所了解和掌握的知识往往是残缺不全而又肤浅薄弱的。明末清初的一些著名思想家和科学家,比较注意批判地吸收外来文化,不主成见,也不迷信。方以智发现西方的近代科学注重质测,即科学实验,因而告诫学人要改进科学研究的方法,形成著名的质测学派;但他认为西方的近代科学缺乏辩证性与整体性这一中国式的哲学思想,存在机械、割裂的弊病,而且传教士传授的质测之学并不完备。王锡阐也指出了汤若望等人在天文推算中的种种错误,坚持中西学说的比较,认为西方的天文学"测候精详",但并未深知法意。他们提倡"能知西法复自成家",将中、西各法融为一炉,而成一家之言。梅文鼎开创了安徽数学学派,与其传人梅彀成、江永、戴震等人,掀起一个颇有声势的数学复兴运动,他们把发掘古算遗产和学习西方数学相结合,并在此基础上大胆创造。在向西方学习的过程中,这些有识者注意为我所用,不忘继承传统,表现出强烈的爱国主义思想情感。

宋明理学的卫道士们却极力反对西方科技的输入。他们揭露出传教士来华存有不轨目的,引起朝廷对此的警惕,注意维护民族的独立。但是他们由于对科学技术一无所知,对西方的科技进行全盘否定,妄自尊大,抱残守缺。这也不利于尽快缩小我们与先进国家在科学技术上的差距。

明朝万历至清朝康熙这一百多年期间,封建朝廷对西方科技的传入采取了较为宽松开明的政策。一方面他们能主动吸取一部分先进的科学技术知识;另一方面又把传教士的科学活动与传教活动相区别,在政治上注意保持国家的独立与尊严,"西学东渐"与后来的教会学校还是大大不同的。封建制度的局限,使统治者还不能深刻认识科学技术的重要性;帝国至尊的思想,又妨碍他们虚心学习。

罗马教廷与康熙皇帝之间的"礼仪之争"最终导致中国对基督教的驱逐,西学东渐也由此中断。很多人认为这是由于中国统治集团妄自尊大,盲目的闭关锁国所导致的。这种认识是片面的。

利玛窦为了减低入华开教的困难,使传教易于为中国人所接受,采取了调和政策。利玛窦对于中国传统文化包容的传教方法被中国社会所接受,也成为耶稣会最终打开在华传教局面的关键,被康熙皇帝称为"利玛窦规矩"。

事实上,祭天、祭祖、祭孔不仅仅是一种祭祀行为,它是中国人对于商周以来形成的道德思想和民族特性的一种确认,这也是基督教所要取代的东西。利玛窦传教时期,祭天、祭祖、祭孔行为被淡化,因为作为儒家士大夫阶层是不可能避免这些祭祀行为的。而士人阶层是利玛窦的传教重点。利玛窦死后,祭祀问题被放大,并最终上交到罗马教廷进行评判。康熙帝和罗马教廷对这个问题都进行了慎重的考虑,并且反复交换意见。因为"祭天"代表着皇权的神圣性,"祭祖"代表着宗法制的延续性,"祭孔"代表着儒家思想的正统性。如果禁止中国教徒祭祀,那么无异于是对中央政府权威的挑衅。但是,最终罗马教廷还是颁布敕令禁止中国人的祭祀行为,康熙帝只能下令禁教。

此后,外国传教士只好隐藏于乡村的密林之中,冒着砍头的危险,继续向农民宣讲福音,而城市中的儒家士大夫们则已视基督教为蛇蝎了。基督教思想取代儒家思想,成为中国上层社会的主要信仰,对于罗马教廷来说只是一个梦想。

西学东渐,是欧洲的近代科学技术诞生之后,中西科学文化的第一次交流,为我国古代的科技教育发展充实了新内容,提供了新经验,产生了深远影响。这是中国人学习西学的开始。

师夷长技，自强求富

——洋务兴学

自鸦片战争帝国主义的入侵，中国社会发生了深刻的变化，中国人看到了机器生产的优越性，逐渐开始接受新思想、新文化。在地主阶级改革派的魏源提出"师夷长技以制夷"的口号之后数年，清朝统治阶级中的洋务派，以资本主义国家的武器制造、生产技术和自然科学成果为强心剂，为加强封建政权，应付来自国内外的压力，提倡"求富""自强"的洋务运动，改革枝节，仿效西方。办教育、兴学校是其中的重要内容。

"洋务"是指有关外国资本主义的一切事务。有人把当时的洋务活动概括为："讲制造也，则必曰精算学；言交涉也，则必曰通语言；办教案也，则必曰谙外交；言通商也，则必曰通商情。合交涉、制造、教案、通商诸务，而概之以一名词，曰洋务。"洋务教育也正覆盖了这几方面，而以语言、制造和军事为主。洋务派的"新教育"有两种形式：一是创办新型学校，二是派遣学生到外国留学。

李鸿章很欣赏西方资本主义的教育制度，认为西洋的水陆兵法和学堂造就人才之道条理精严，我们如果能深通其法，愈学愈精，愈推愈广，可望于数十年后攘夷自立。因此洋务派仿效西方学校，在京津沪等地开办了外国语、工业技术和军事新学堂。这是中国新教育的萌芽，也是半封建半殖民地社会教育的开端。

京师同文馆是较典型的一所洋务学校。由于语言文字的隔阂，清政府在外交中损失极大，各国都纷纷用重金聘请中国人教授汉语，而中国却没有熟悉外语之人。因此奕䜣上奏请求在京师设立同文馆,以培养外交和翻译人员。1862年,同文馆成立,陆续设有英文馆、法文馆、俄文馆、德文馆、东文(日文)馆。后来奕䜣发现"现在上海、浙江等处讲求轮船各项,若不从根本上用着实功夫,即习学皮毛,仍无裨于实用",又奏请加设算学馆,学习天文、算学、西方制造技术。同文馆由单纯习外文的专科学校渐成为兼习科学技术的综合性学校。

同文馆的学生最初都是八旗子弟,人数甚少。后来学生入馆需要经过考试,算学馆成立后,扩大了学生的来源,程度也略有提高。教师聘请外国人担任,计划逐渐由中国人予以替代。但因大部分学科在中国无人能教,只好继续延聘西人,仅有中国语文和算学二科由中国教师讲授。课程除外国语之外,有算学、化学、医学生理、天文、物理、万国公法等,中文和经学则贯彻始终。学制为八年。其考试制度非常严格,分日课、季考、岁考、大考,由总理衙门执行,大考成绩恶劣者要降革留馆,优秀者则授给七、八、九品官职。同文馆又设译书局,鼓励教师与学生翻译各国书籍,他们向中国人译介了经济学、万国公法、地理、化学、解剖、医药、生理等方面的书籍,内容较为广泛。

同文馆实际上受着外国侵略者的控制。负责海关税务的英国人赫德操纵着它的财政大权,因为同文馆的经费是从海关办公费中提取。曾参与起草《中美天津条约》的美国传教士丁韪良任校长达25年之久,他说过:就同文馆来讲,"赫德算是父亲,我只是一个看妈"。丁韪良和其他外籍教师在教学过程中,渗透宗教观念,充斥殖民主义思想,而且传授的大多是用神学思想歪曲了的"科学知识"。同文馆不但保留了封建痼疾,又反映出外国侵略的烙印。

同文馆在中国外交史上占有一定的地位,同文馆学生常在外事活动中充当译员,担任外交使节,有的人身居外交界要职。同文馆是中国近代最早按照资本主义教育建立起来的新式学校,打破了中国两千多年封建教育的旧模式,近代科学技术知识列为正式课程,改变了以文为主的传统教育内容。而同文馆师生翻译的大批书籍,对中国的学术思想产生了一定影响。此外洋务派所办的学校还有上海广方言馆、湖北自强学堂、广州同文馆、福建船政学堂、上海机器学堂、天津武备学堂、江南水师学堂、南京矿务学堂等等,它们都是近代新型学校的开端。

洋务派官员觉得学习西方的科学技术,只凭在国内兴建新式学堂尚嫌不够,需要到外国参观考察、耳闻目睹方能收集思广益之效,因此他们连续上书请求派学生到外国去学习。从1872年至1875年,清政府每年派遣30名聪颖幼童留美,由陈兰彬、容闳为监督,计划15年后可成有用之材。除在外国学校学习西学以外,这些学生要在监督的指导下读《孝经》《五经》《国朝律例》等,甚至早晚须拜孔子神位,遇节日得宣读《圣谕广训》。1881年,监督吴子登认为学生沾染洋气有害于国家,顽固地把学生几乎全部召回,留下继续学习的只少数几个人。在此以外,还有学生去英、法等国进行短期留学。根据洋务运动对人才的需求,洋务派对留学生教育提出确定专业、规定课程、严格考核三方面的明确要求,规定留学期间学生须把学习情况随时汇报,管理十分严格。

洋务派的留学生教育,使中国有了第一批科学技术人才、企业管理人才、海军人才以及外交人才。留学生介绍和传播了资产阶级的政治学说和哲学思想,促进了中国近代的思想解放运动。詹天佑和严复是其中最突出的代表。洋务派要以留学生为巩固清王朝的统治服务,但是爱国的知识分子把西方资产阶级文明介绍到中国,结果却发展了中国的资本主义,这是他们所万万没有想到的。

洋务教育的本质是封建性,并有殖民地教育的色彩。由于盲目模仿外国,加之管理腐败,当时便遭到不少有识者的批评。孙家鼐说:"总署同文馆、各省广方言馆之设,斤斤于文字语言,充其量不过得数十翻译人才而止。福建之船政学堂、江南制造局学堂及南、北水师、武备学堂,皆囿于一材一艺。即有成就,多不明大体,先厌华风。故办理垂数十年,欲求一缓急可恃之才而竟不可得者,所以教之之道固未有尽也。"比较来看,洋务派所办的新型学校在培养人才方面不抵其留学教育,这正反映出它自身的弊病和阶级的羁绊,更无法达到它求富自强的目的。洋务教育虽然承担了时代的角色,但却留下了失败的记载。

洋务教育突破了旧的封建教育。而且洋务派认为八股取士的旧教育体制不但无用而又有害,提出要变通科举,另开洋务一科,改变传统的"所用非所学"的教育。最终在 1905 年,由于时代大潮的冲击,洋务派的后期代表人物张之洞等人向光绪帝奏请,科举制完全停止。洋务教育在它所处的时代中,仍是有其一定进步意义的。

西方教育的探寻者

——教育家康有为

康有为,原名祖诒,字广厦,号长素、更生,广东南海人,人称南海先生,近代中国向西方寻求救国真理的代表人物之一,也是清末民初我国著名的政治家、教育家。他幼年接受正规封建教育,1876 年开始从业朱次琦,接受经世济人之学。1879 年,开始接受西方资产阶级思想影响。1888 年赴京应乡试,发奋上万言书,请求变法。上书失败后,移居广州云衢书屋。1891 年创设万木草堂,自任总教授兼总监督,开新法办学之风。在变法运动中,他积极学习西方,提出了崭新的教育理论,并进行过一些教育实践。

康有为非常重视教育的作用。他认为一个国家强弱的关键决定于国民的智慧,中国之所以弱,是因为人才的缺乏。人才缺乏的原因是教育不发达。他说:"才智之士多国强,才智之士少则国弱。"因此,他把变法的希望寄托于人才的培养,他认为变法必须先教育。他拟定的改革教育的方案,为后来我国新教育的建设铺平了道路。

康有为所提倡的教育改革方案中很重要的一方面就是废八股,变科举,兴学堂。他在《请废八股试帖楷法试士改用策论折》中说:"今变法之道万千,而莫急于得人才;得才之道多端,而莫先于改科举。"他主张废八股,变科举,泄其积弊;兴学堂以"补药养身"。他在《请开学校折》中主张:"请远法德国,近采日本,以定学制。乞下明诏,遍令省、府、县、乡兴学,乡立小学","令民七岁以上皆入学;县立中学,其省府能立专门高等学校,各量其力。"除普通学校外,还特别提到海、陆、医、律各学校,尤其注意兴办师范学校,并提出了一系列解决教育经费的办法。这些革新主张,当时并未实行,但中国 20 世纪初以来的许多教育措施,基本依其主张而行。

派人游学和翻译外国书籍,是康有为变革教育的又一重要内容。康有为认为:兴学堂培养人才,只是供日后所用。若要马上有成,还需派人到国外游学。所学内容从农、工、商、矿、工程、机器到海陆军,还有西方哲学等。即对资本主义的自然科学和社会科学都要广泛学习。他还主张广泛翻译外文,提出先译日本书,再译欧美的书。因日本与中国国情相近,易译,易懂,易学,见效快。他还对译书的组织、审查和奖励的方法作了具体的规定。除官译外,还鼓励民间翻译。这些主张,对于当时学习西方,培养各类人才,起了积极作用。

康有为为了提高女子地位,提倡女子教育,早在家乡讲学时,就曾成立了"不裹足会",反对妇女裹足。在《大同书》中,他积极主张男女平等自由。提出"宜先设女学,章程皆与男子学校同。其女子卒业大学及专门学校者,皆得赐出身荣衔。如中国举人、进士,外国学士、博士之衔"。"学问有成,许选举、应考、为官、为师"。这不仅有利于妇女解放,也有利于促进生产力的发展。

康有为还很重视幼儿教育。他在《大同书》中,专门论述了他的理想的学制:人本院,即儿童出生前至出生后半年内其母进入本院,接受胎教;育婴院,五至六岁儿童接受学前教育;小学院,六至十岁儿童接受初等教育;大学院,十六岁至二十岁接受高等教育。各种教育皆官费,学习内容包括德、智、体各方面。

万木森森一草堂

——维新重教

资产阶级维新派把"开民智"作为国家自强的首要之义,他们认为,国势的强弱在于人才,人才的消长则在于学校。为了宣传维新思想,培养变法人才,维新派人士在进行政治活动的同时,注重办理维新教育,并将它当作救亡之道。

1891年,康有为在广州长兴里创办了"万木草堂",办学宗旨在于激励气节,发扬精神,广求智慧,以培养维新变法人才。康有为是个中西兼通的人物,早年受传统的封建教育,后又向西方寻求救国真理;早年维新,后又保皇,其人也是新旧杂糅。因而万木草堂的课程十分丰富,不仅讲解孔学、佛学、周秦诸子学、宋明理学,而且传授西洋哲学、社会学、政治原理学、中外史学、中外语言文字学、地理学、数学、格致学等。此外还有"科外学科",即演说、体操、音乐、图画、射击、游历等等。

康有为撰《长兴学记》作为学规,在德、智、体等方面有目的地培养学生。梁启超总结其教育,是德育占十分之七,智育占十分之三,体育也特别地重视。万木草堂的学纲,是孔子的那句"志于道,据于德,依于仁,游于艺",其细目各是:格物、克己、励节、慎独,主静出倪、养心不动、变化气质、检摄威仪,敦行孝悌、崇尚任恤、广宣教惠、同体饥溺,礼、乐、书、数、图、铳。康有为提倡的德育中,仍很注重传统,更注意用维新变法的思想武装学生。

万木草堂的组织制度和教学方法较有新意,并受到西方一些先进教学方式的影响。康有为自任草堂的总教授和总监督,在学生中立三人或六人为学长,分助各科,有博文科学长,帮助教授和分校功课;约礼课学长,负责劝勉品行、纠检威仪;干城科学长,主持监督率领体操;书器库监督,主管图书仪器。梁启超、陈千秋、徐勤和王觉任等都担任过学长,草堂中不分年级和班级,新生入学后由学长负责指导读书。

"蓄德录"是万木草堂的一项重要制度。康有为设一本厚簿,各人随意志所好,每日记入几句古人的格言或俗语,按宿舍以次传递,周而复始。每隔三五个月,康有为便拿去翻阅,以观每个学生的思想趋向。

教学方法中除讲授以外,主要靠学生自己读书、写笔记。草堂每天每人发一本功课簿,凡是读书有疑问之处或是心得,都记在上面,半个月呈交一次。功课簿写满之后,要存入学堂的图书室供新来的同学阅览,其中有不少非常异议可怪之论。除了读书外,草堂的学生还参与编书。如维新变法中康有为的重要理论著作《新学伪经考》、《孔子改制考》,都是由学生积极参加分任编检、校勘而完成的。

康有为在万木草堂讲学四年,在社会上产生深远的影响,他一边为变法维新制造舆论,一边又培养了一批坚定的追随者。1894 年,严复在北京创设通艺学堂,1897 年,梁启超等在长沙创办时务学堂,谭嗣同在湖南建立浏阳算学馆,这些维新派人士主办的学校,和万木草堂一样,宣传维新思想,培育变法人才,推动了维新运动的发展。

为开发民智,解放思想,扩大维新运动的社会基础,单靠几个学校是不够的。设报馆、建学会,则能更广泛地宣传维新思想、集结维新力量。万木草堂的学生们在其中开始发挥重要作用。

1895 年,康有为在北京自己出资创办《中外纪闻报》,由梁启超、麦孟华编辑文稿。其目的是用维新思想影响王公大臣,介绍西方资本主义国家的政治、经济和思想文化,以鼓吹维新变法。它每期随同清廷的官报《邸报》附送达官贵人,使他们每天能闻所未闻,逐渐引起注意。《时务报》是当时影响很大的维新派报纸,梁启超为主编,刊登论文、谕旨、奏折、欧美政法、世界大事等方面的消息和文章,极能鼓动人心,一时风靡海内。湖南巡抚陈宝箴、湖北总督张之洞,都命令全省各书院学堂乃至大小衙门要订阅《时务报》。此外还有《国闻报》《蒙学报》《湘学报》《知新报》《求是报》《实学报》等报纸,介绍西学,了解世界,开通思想,沟通上下。

鉴于欧美的经验是"学校振之于上,学会成之于下",为了组织起群众,康、梁倡导全国广立学会,使天下无不成学之人,方能雪耻自强。1895年,"强学会"成立于北京,成员有康有为、梁启超、文廷式、陈炽、袁世凯、杨锐、江标等人,会员每十日集会一次,讲演申述变法之重要。同年康有为发起组织"上海强学会",汪康年、黄遵宪、张謇、岑春煊等响应入会,以译印图书、刊布报纸、开图书馆与博物馆等办法,传播西学,宣传维新。两个学会很快被守旧派所封闭,维新派于1898年在京再立保国会,但不久也被迫停办。维新派的学会,是寓政治于学会之中的组织,为传播维新思想、积蓄变法力量开辟了重要阵地,实质上是维新运动的政治团体。

后人张元济先生有一诗为《追述戊戌变法杂咏》:"南洲讲学开新派,万木森森一草堂。谁识书生能振国,晚清人物数康梁。"维新派人士的教育活动,一方面对推动维新变法运动的发展起了促进作用;另一方面打开了民众长期闭塞的状态,唤起人们救亡图存的紧迫意识。举国士民家家言时务,人人谈西学,眼界骤广,民智日开,以爱国相砥砺,以救亡为己任,这不能不说是自维新派的教育而始。

走出国门

——留学教育

"留学生"一词源于日本。远在 1300 年前,日本政府为了吸取中国的先进文化,多次派"遣唐使"到中国来。由于遣唐使是外交使节,在中国停留时间不能过长,所以日本政府从第二次派遣唐使始,同时派来了"留学生"。中国正规派遣留学生的时间则比较晚,但其贡献是非常大的,在某种意义上可以说,中国留学教育发展的历史,就是近现代中国社会的变迁史。

中国近代留学教育发端于第一次鸦片战争之后,兴盛于甲午战争至抗日战争之间,与整个中国近代史相始终,对中国近代社会的变迁影响深远。中国近代留学生的去向主要集中于美国、欧洲和日本三处。留学教育经历了艰难的起步和潮涨潮落的曲折变迁,在其整个发展过程中呈现出明显的阶段特征。

两次鸦片战争的失败,使清政府对于西方列强的坚船利炮产生了深刻印象,知识阶层也提出了"师夷长技以制夷"的改革口号。如何获得西方先进的科技知识,如何改变中国落后挨打的不利局面,成为中央政府急于解决的头等问题。首当其冲的是改革教育。随即,新式学堂开始在各地设立。1870 年代初,洋务运动开展已近十个年头,也设立了一定数量的新式学堂。洋务派人士在实践中大多也已认识到,要全面深入地学习西方的先进技术,国内的学堂存在师资、社会文化环境等诸多局限。于是,向国外派遣留学生便被纳入洋务计划,并很快付诸实施。洋务运动时期的留学教育主要是派遣留美幼童和留欧学生两个方面。

同治十一年(1872),在曾国藩、李鸿章等改革官员的推动下,清政府派出第一批幼童出国留学,由于中国社会思想长期处于封闭状态,风气未开,当时绝大多数中国人仍以考科举、入仕途为唯一正途,对于进洋校、学西学都嗤之以鼻;且不少人认为美国是极荒凉野蛮的地方,视出国留学为畏途。因之,第一批30人在上海招考时,未满定额,容闳不得已亲赴香港,在英政府所设的学校中,遴选数人,才得以补足。1872年8月11日,经过学习准备的30名留美学生,由监督陈兰彬率领,从上海启航出洋。在此后3年中,清政府又先后遣送了90名幼童赴美留学。此即为清末幼童留美,也是中国首次有组织的官派留学。

1872年出发的留美幼童是近代中国政府派出的首批留学生,他们的成行得力于容闳的倡导。容闳在早年留学美国并获得博士学位,其回国时就立下宏愿:通过留学教育实现"以西方之学术灌输于中国,使中国日趋于文明富强之境"。之后他虽历经挫折,但始终不改初衷。1870年,容闳抓住难得的机会通过丁日昌正式向曾国藩提出派遣留美幼童的计划,并在曾国藩等人奏请下得到朝廷批准,最终确定的留学方案如下:

选派幼童数量每年为30名,分四年共120名,学习年限为15年。在上海、宁波、福建、广东等地挑选曾经读过数年中国书的聪慧幼童,年龄在12至16岁之间,经在国内试读考试合格后录取。学生到美国后除学习西学外,仍要兼讲中学,课以《孝经》、小学、五经及国朝律例等书,在规定日期由正、副委员集中幼童宣讲《圣谕广训》,还要在美国设立的留学事务所内设至圣先师神位,由驻洋委员率领幼童和随行教师行礼等。派遣正、副委员和数名"中学"教师同往,首任正委员是翰林出身的守旧派人物陈兰彬,副委员为容闳。

幼童们被分配到54户美国家庭(其中康涅狄格州34户,马萨诸塞州20户)中生活。他们以惊人的速度克服了语言障碍,成为他们就读的各个学校中最优秀的学生。他们群体所取得的优异成绩令美国人惊叹不已,据不完全统计,到 1880 年,共有 50 多名幼童进入美国的大学学习。其中 22 名进入耶鲁大学,8 名进入麻省理工学院,3 名进入哥伦比亚大学,1 名进入哈佛大学。

按照容闳的设想,中国如果每年都向国外派遣数量可观的留学生,坚持 100 年,则中国现代化建设中对高级人才的需求就可以解决,古老的旧中国就可以慢慢变为美国那样强盛的新中国。然而,当留美幼童开始出现"西化"倾向的时候,清政府毫不犹豫地于 1881 年将幼童中途撤回,不但容闳百年派遣留学生的远大理想化作泡影,连最初确定的幼童留美 15 年的计划也未能实现。

清政府的公派留学面对整个西方国家,留欧学生的派遣始于船政大臣沈葆桢的建议,并以福建船政学堂的学生为主。1873 年 12 月,外国技术人员和教师按合同即将期满回国,福建船政局面临着如何发展的问题,沈葆桢上折建议:选择前、后学堂优秀学生分别赴法国、英国学习造船、驾驶,得到总理衙门的认可,但由于沈葆桢临时忙于台湾防务,且一时"无巨款可筹",这一计划被暂时搁置。1875 年初,一直担任船政局正监督的法国工程师日意格回国为船政局购买设备,沈葆桢奏准选派前学堂学生魏瀚、后学堂学生刘步蟾等 5 人与之同行,以便"涉历欧洲,开扩耳目,既可以印证旧学,又可以增长心思"。他们成为近代中国官派留欧学生的前导。

1877 年 1 月,李鸿章等奏请派遣福建船政学堂学生留欧,朝廷照准执行。1877 年 3 月 31 日,中国近代第一批正式派遣的留欧学生在监督李凤苞、日意格的带领下出发赴欧。他们连同前后赴欧的留学人员共 35 名,通称作第一届留欧生。经过三年的学习,他们于 1880 年左右先后回国。以后又于 1881 年和 1886 年派出两批留欧学生。这三届留欧学生,从 1879 年起陆续学成归国。在近代中国海军建设事业中发挥了重要作用,成为近代海军重要将领的人选,并且在近代海军教育事业上大显身手。

上述两个方面的留学生约 200 人,是甲午战争前留学生的主体。洋务留学教育虽规模小,人数少,但它是中国教育走向世界过程中最名副其实的一步,就引进"西学"而言,不再有比留学更彻底的途径。归国留学生献其所学,在事业上作出突出成就,取得了一定的社会地位,有力地回击了守旧派"终鲜实效"的预言,也改变着人们的科举正途观念。洋务留学教育对中国教育近代化的推进之功意义深远。

洋务运动时期虽然打开了出国留学的大门,但整个社会的思想意识是相当落后的,即使在广大民众乃至知识界,留学生也不被看重。留美幼童在招生时就曾遇到极大的困难,人们宁愿让孩子读八股、考科举,也拒绝送子女到美国读书。严复从英国留学回来,已经做了天津北洋水师学堂的校长,但仍被社会尤其是官僚文人所轻视,不得已四次去考科举,但皆名落孙山,直到 1910 年,严复已经 56 岁了,清政府才"奖励"了他一个"进士出身"。这种社会氛围使 19 世纪 70 年代开启的派遣留学生的大门一度关闭了近 20 年。

1894 年中日甲午战争,清政府战败的消息传出后,举国震惊。真可谓"四万万人齐下泪,天涯何处是神州?"诚如梁启超所形象指出的那样:沉睡了上千年的中国这头睡狮终于在甲午战争之后猛醒了。19 世纪末 20 世纪初,中国人渴求民族独立和民族复兴的热情空前高涨。于是出现了争先恐后往日本留学,借以寻求救国救民良方的热烈场面。甚至出现了父子、母女、爷孙乃至全家留学日本的情景。1905 年留日学生猛增到 8 千多人,1906 年又上升到 1 万多人。整个 20 世纪初年,留日学生有两万多人。这在当时是一个很惊人的数字。

留日学生数量激增有它特殊的原因,正如张之洞当年所列举的:第一,路近,容易前往;第二,费省,可以多派;第三,文字相近,容易通晓;第四,情势、风俗相似,便于仿行;第五,西学繁琐,凡其中不切要者,日本人已经删节而酌改。至1906年,清政府颁布留学新规定,限制留日学生资格后,留日热开始降温。由于日本本身现代化水平不高,留日学生数又太多,质量因而难以保证。留日学生与留学欧美者相比,学术水平显然不足。时人乃戏称留学欧美为"镀金",留学日本为"镀银",并有"西洋一等,东洋二等,国内三等"之说。留日学生学术水平虽然不高,但学政法、军事的极多,为后来的辛亥革命、新文化运动预备了大量人才,如黄兴、章太炎、鲁迅等皆有留日经历。"留日热"使出国留学已经成为中国人认可的一条获取知识、成就事业的重要通道。这种思想观念的转变无疑改变了中国人的知识结构和中国文化的内涵以及与世界的联系。而"留日热"的最显著的政治功效就是为孙中山推翻帝制、创立共和的伟大业绩准备了必要的条件。

1900年,发生义和团运动和八国联军侵华战争。次年,清政府与列强签定《辛丑条约》,被迫对各国偿付巨额赔款(庚子赔款)。此时,中国留学之风渐盛,掀起留学日本的高潮。美国对此大受刺激,觉察到争取"这一代的青年中国人",将是控制20世纪中国发展的关键所在。因此,在1908年决定退还中国庚子赔款的剩余部分,用于吸收中国学生赴美留学。后来,英、法等国竞相效尤。这就是在中国近代教育史上影响极大的庚款留学运动,各国之中以留美为主。

对美国的"庚款留学"倡议,清政府欣然接受。1909年5月,清廷成立游美学务处,并于当年7月20、21日举行第一次庚款留美考试,考题难度甚大,筛选较为严格。在举行庚款考试的同时,国内留美预备学校也在积极筹备之中。1909年10月,清政府在北京西郊清华园设立"游美肄业馆"。次年,改名为"清华学堂"。1911年4月29日,清华学堂作为留美学生预备学校正式开学。1912年5月,改名为清华学校。1925年,正式改办大学,停止招收留美预备学生。民国时期,庚款留美计划照旧执行。另外,自费留美、教会资助留美的学生数也显著增长。民国初年,中国掀起了第一轮留美热潮,至20年代后才有所减弱。据统计,1927年的中国留美学生数为2500人,1929年下降到1279人。1933年起才略有回升。1935年在美国大专以上院校注册的中国留学生有1443人,1936年增至1580人,1937年为1733人。抗战时期以及战后,中国留美学生人数虽大大减少,但也列中国留学生的首位。

五四运动时期的留学潮以留美、留法、留苏为中心,当然留英、留德、留日等也有较大的发展。从总体上观察,这期间的北京国民政府对出国留学是采取放任的态度,这给企图留洋的青年以一定的自由度。辛亥革命后军阀混战的黑暗局面,又迫使许多有头脑的学人重新思考中国的前途和命运,出国留学自然是解决这一问题的重要途径之一。1915年的新文化运动,高扬了科学、民主的大旗,给传统思想以巨大的冲击,更新观念,吸收世界新文化是多数年轻留学者的追求。经过第一次世界大战,中国人的世界观和竞争意识大大增强,这也促使一部分青年去吹"西风",观"洋潮"。"五·四"之后,中国革命浪潮的重新突起,为献身革命而出国探求新知,成为革命队伍中的一股热潮。这些因素的交织回应,为第二次留学潮的到来奠定了基础,促使留美、留法、留苏不断升温。

如果说留美生的追逐目标主要是科学文化,那么留法勤工俭学学生则侧重于政治方面了。五四前后留法勤工俭学运动之所以兴起,一是在工读主义思潮的推动下,许多青年试图寻求一种"劳工神圣"式的具有共产主义色彩的社会蓝图,而勤工俭学正是实现这一理想的最好尝试;二是许多青年认为法兰西是自由民主的发祥地,梦想到法兰西去具体地体验一下;三是一批有影响的人物如蔡元培、李石曾的全力推进。1912年春,吴稚晖、蔡元培、吴玉章等人在北京成立了留法俭学会,宣称法国科学文化发达,学杂费用低廉,号召青年赴法勤工俭学。1912年11月,第一批勤工俭学学生经西伯利亚前往法国,后来大批学生源源而至,至

1921 年,在法国勤工俭学的中国留学生已达 1600 多人,他们一边做工,一面上学,辛苦异常。在这批留法勤工俭学学生中间,不仅涌现了许多有为的职业革命家,而且产生了一些马克思主义的理论宣传家,为社会主义能植根中国做了知识上的储备。周恩来、邓小平、蔡和森、聂荣臻等中国共产党的早期党员都是这些学生当中的一员。留法勤工俭学运动在 20 世纪 30 年代开始逐渐减弱。此次留学的目的不是培养高深的学问家,而在于培养中初级技术人员。教育内容上注重学以致用,加强实习环节。不少留法学校都设有实习工厂或作坊。留学运动由民间组织发起,学生自费留学。这场运动在留学史上创造了一种全新的留学模式,对传统教育的观念、内容和形式等方面进行了根本性的变革,因此称之为留学教育的开创期,富有深远的意义。

"留苏热"的出现主要是政治革命的推动。1921 年中国共产党成立后,为效法苏俄,急切派革命青年赴俄学习;1924 年国共两党合作的成功,孙中山"以俄为师"口号的提出,又将派青年去苏联学习视为培养革命人才的主要途径。为此,苏联政府在莫斯科专门创立了一所孙逸仙中国劳动大学,大批接收中国留学生。1926 年前后,在苏联学习的中国留学生有 1600 多名。他们基本是学习革命理论和军事知识,旨在为中国培养革命栋梁之才。

留学教育是废除科举制度,开办西式学堂之后,中国施行的一项全新的教育形式。这也是中国学习西方的一次比较彻底的教育实践。留学生是新知识、新思想的传播者,是中国冲破旧制度的先锋,他们也是中国接触世界的触角,他们代表着中国走向世界,又把西方介绍到中国。中国近代的留学教育不能简单地被看作中国向西方的单方面学习,留学教育为中国向世界打开了一扇窗,使中国和世界能够直接地交流。

清末洋务教育的首领

——教育家张之洞

清末洋务教育的首领张之洞,字孝达,号香涛,又号香严,直隶南皮(今河北南皮县)人。出身封建官僚家庭,少年时博览群书。16岁,以乡试第一名中举。27岁中进士,任翰林院编修,开始仕途生活。

张之洞曾长期管理文化教育事务。30岁起提任浙江乡试副考官。后任湖北学政。1873年,出任四川学政。1880年,升侍讲学士。中法战争中,创办广东水陆学堂,创建广雅书院。1895年后,广建各类学校,如武备学堂、农工商学堂、铁路学堂、方言学堂、军医学堂等。1898年,张之洞发表了全面阐述他教育主张的重要著作《劝学篇》。他参与主持制定了《奏定学堂章程》。1907年,升内阁协办大学士、体仁阁大学士、学部大臣,成为全国教育的最高长官。张之洞的全部著作,后人集成《张文襄公全集》。

综观张之洞的教育活动,主要有三个方面。一是整顿封建传统教育,二是兴办洋务教育,三是制定和推行新教育制度。他主持乡试或任学政时,对有特殊学识者也破格酌情录用。他还主持创办经心书院、尊经书院、广雅书院、西湖书院等,并对书院进行改造。像西湖书院除保留经史之学外,还添设算学、经济学、天文学、格致学、体操、兵法等。在兴办洋务教育上,他主持举办了军事学堂、实业学堂、外国语言学堂,还主办小学、幼儿园和师范学堂。1898年,张之洞发表《劝学篇》,全面阐述了"旧学为体,新学为用"(或"中学为体,西学为用")的教育观点。1909年,他参加主持起草的《奏定学堂章程》，成为我国第一个近代学制。同时，他力主废除科举制、废八股，奖励出国留学，积极推行并不断完善清末学制。

张之洞十分重视教育，把办好学校、培养人才看成国家带有根本意义的大事。他指出：古来世运之明晦，人才之盛衰，其表在政，其里在学。他引证孔子的话说："好学近乎知，力行近乎仁，知耻近乎勇。"如果无学、无力、无耻，人就会愚昧又柔弱；而有学、有力、有耻，人就会精明又强大。

张之洞教育思想主要体现在他的《劝学篇》中，其核心是"中学为体，西学为用"。所谓"中学为体"就是以中国封建主义的旧学作为政治文化教育的主体，特别以"三纲五常"作为一切政教的中心。他特别强调君为臣纲，认为君叫臣死臣不能不死之类的说教是千古不变的真理。他以此来反对康、梁变法，歌颂君主专政，反对民主和民权。为了"明纲"，张之洞把"忠孝"作为各级学校办学的宗旨。他在《奏定学堂章程》中规定："至于立学宗旨，无论何等学堂，均以忠孝为本。以中国经史之学为基，俾学生心术壹归于纯正。"他用夫为妻纲，反对男女平权，反对女子教育。所谓"西学为用"，就是在"中学为体"的大前提下，吸收"西学"，用以巩固封建主义的文化政治。他说："今欲强中国存中学，则不得不讲西学，然不先以中学固其根柢端其识趣，则强者为乱首，弱者为人奴。其祸更烈于不通西学者矣。"他要把中国的经史之学，作为一切学问的基础，放在学习的首位，使学生从经史中学习所谓"圣人之心""行圣人之行"，然后适当吸取"西学"中有用的东西来补"中学"的不足。而他所主张吸收的"西学"，又分为"西政"与"西艺"两大类，如学校、地理、度支、赋税、律例、劝工、通商等均为西政；算、绘、矿、医、声、光、化、电，是为西艺。他认为"西政"比"西艺"更为重要："救时之计，谋国之方，政尤急于艺。"而"西政"中最重要的就是兴办学校。他主张的"西艺"实际上是为了船坚、炮利、制造精奇的加工工业，尤其是军事加工工业必不可少的一些现代科学知识。

　　总之，张之洞的教育主张和办学实践，在客观上加速了西方政治、特别是西方科技知识在中国的传播，这是有其积极的历史意义的。

学界泰斗，人世楷模

——教育家蔡元培

在中国的近、现代史上，蔡元培是个倍受各界尊敬的人物。他具有渊博的学识、高度的民主精神和坚定的革命信念，对中国社会和教育的发展产生过重大影响。

蔡元培少年时，打下了深厚的儒学基础。1891年，应试中进士，授职为翰林院编修。甲午战争和戊戌变法的失败，使他认识到清政府已是日薄西山，中国亟需培养革新人才，于是他辞官归乡，开始了教育工作。他最初曾任绍兴中学堂监督及南洋公学教授，宣传革新，提倡民权，鼓励学生自由读书，受到旧势力的非难。

1902年，蔡元培与章太炎等人在上海发起组织中国教育会，并任会长，该会表面办理教育，暗中鼓吹革命。同年创立了爱国学社与爱国女学，他任学社总理，兼教伦理学。提倡革命是两校的宗旨，重精神教育以自由独立为主，出版革命刊物，实施军事训练，为辛亥革命培养了一批革命骨干力量。在教育之外，蔡元培还积极从事资产阶级民主革命活动，主编《俄事警闻》（后改名《警钟》）。1904年，他与陶成章等组织"光复会"，次年加入中国同盟会，担任上海分会会长。他投身于暴力革命活动中去，组织秘密小组、义勇队、受军训、造炸弹，并以这种革命精神来教育青年和学生。

1907年，蔡元培赴德留学，在莱比锡大学研究心理学、美学、哲学、文学和文化史等科，一面学习，一面研究著述。辛亥革命后，他立即回国投入革命工作,任职中华民国的第一任教育总长,对旧教育进行了一系列反封建的资产阶级民主性的改革,对现代中国的教育有深远影响。因为不满于袁世凯的独裁统治,蔡元培辞职再度去德,后来又到法国组织赴法勤工俭学运动,为华工编写了多种讲义。

1916年,教育部电促蔡元培归国任北京大学校长。旧北大是官僚地主子弟混得功名利禄的阶梯,学堂充满封建思想,腐败至极。蔡元培一到便进行整顿与改革,他说:"大学者,研究高深学问者也。"他首先改变旧北大的不良学风,要求学生抱定为求学而来的宗旨,教师当养成学问家之人格。改变旧大学的性质,把官僚养成所变成为研究学问之机关,冲破两千年来封建教育读书做官的积习,是一大胆的革新。蔡元培采取了一系列改革措施,使北大实行民主管理:建立评议会和教授会,议决立法和分任教务;成立学生自治会,由学生自我管理。领导体制的这一变革,使北大渐由传经授道的封建学府而向资产阶级大学转变。

欲将大学变为研究高深学问的机关,蔡元培采用了"思想自由,兼容并包"的指导思想,他讲:"我对于各家学说,依各国大学通例,循思想自由原则,兼容并包。无论何种学派,苟其言之成理,持之有故,尚不达自然淘汰之命运者,虽彼此相反,而悉听其自由发展。"在他的主持下,北京大学办成一座网罗众家的学府。他聘请了新文化运动的主要人物陈独秀、李大钊、鲁迅,以及提倡新文学的胡适、钱玄同、刘半农等任教授,形成革新的阵容。同时也聘旧学深沉的刘师培、黄侃,拖长辫倡复辟的辜鸿铭因其于英国文学上的造诣,也登上北大讲坛。此外马叙伦、陈垣、马寅初、朱希祖、李四光等人也都是闻名海内的专家学者。这一时期的北大人才荟萃,盛极一时。

据1918年的统计,北大教授平均年龄30多岁,最年轻的仅23岁。这里有提倡白话文的,有维护文言文的;李大钊在此讲马克思主义,胡适则大谈实用主义;有清朝的进士,也有资本主义的博士。对不学无术者一律解聘,有一英国教习竟要求美国公使朱尔典同蔡元培谈判,蔡元培顶住了帝国主义分子的压力。新旧学派共处一校,各讲所学,对峙争鸣。王昆仑回忆说:"有一天,听钱玄同的课,对面教室正在讲课的黄侃大声地骂起钱玄同来了(二人同搞文字学)。钱听了也满不在乎,照样讲课。由此引起我的兴趣,后来既听听钱玄同的课,也听听黄侃的课,以便两相对照。"

　　为推动大学的学术活动,北大各科经常举办学术讲座,纷纷成立各种学术研究社团,开创了中国近代科学研究的新风。蔡元培还在北大组织"进德会",提倡不嫖、不赌、不娶妾、不吸烟、不饮酒等戒律,改变社会上的歪风邪气对青年的毒害,教育青年树立正确的人生观,养成优良的道德风尚。蔡元培的改革,使北京大学很快成为全国著名的学术中心,新文化运动的主要阵地,马克思主义的最早传播地,"五四"风暴由北大燃起并不是偶然的。

　　"五四运动"中,蔡元培对学生的爱国行为极表同情,并挺身营救被捕学生。1927年大革命失败后,蔡元培曾历任国民党政府大学院院长、中央研究院院长之职。"九一八"事变后,他对蒋介石消极抗日、积极反共非常愤恨,与宋庆龄、鲁迅、杨杏佛等人组织"中国民权保障同盟",任副主席,提倡人权,营救被捕的抗日分子与革命人士,反对蒋介石的独裁统治。1933年,在反动气氛浓厚的大上海,蔡元培与李公朴、陶行知等人发起马克思逝世50周年纪念会,提倡研究马克思主义。"七七"事变后,他拥护国共合作,坚决抗日,虽年事已高,仍忧念国事。1940年,这位著名的民主人士在香港病逝。

　　生于民族危亡、动荡多变的时代,蔡元培是旧中国爱国知识分子的典型。他的高尚人格、广博才学、创新胆识、爱国精神、革命气概与民主斗志,得到世人的交口赞誉。毛泽东致唁电,称之为"学界泰斗,人世楷模";周恩来的挽联则概括了他一生所走过的道路:"从排满到抗日战争,先生之志在民族革命;从五四到民权同盟,先生之行在民主自由。"

平民教育运动的推动者

——教育家陶行知

"**捧**着一颗心来，不带半根草去"，这是今日人民教师的座右铭。它是中国现代著名教育家陶行知从事乡村教育时期书赠乡村教师的著名诗句，也是他一生为了人民的教育事业鞠躬尽瘁、死而后已的真实写照。陶行知对人民教育事业的献身精神，堪为人民教师的光辉榜样。

陶行知生于贫苦的农村，在教会学校读到大学毕业，然后赴美留学，得到伊利诺大学政治硕士学位。以此文凭，他完全可以仕途平坦，获取高官厚禄。但是中华民族正处于风雨飘摇之时，忧国忧民的陶行知走了另一条道路。青年时代的他，把教育看成救国救民的途径，于是就转入哥伦比亚大学研究教育，以著名的资本主义教育家杜威和孟禄为师，他立志要使全中国的国人都受到教育。

1917年陶行知归国，历任南京高等师范学校教授、教育专修科主任，东南大学教授、教育科主任，南京安徽公学校长，《新教育》杂志主编等职。"五四"时他支持学生运动，担任学生联合会的顾问。1922年中华教育改进社成立，陶行知担任主任干事，主持普通教育调查等活动，热心改革旧教育。

1923年起，陶行知放弃优越的教授生活，脱下西装革履，穿上中式棉袄裤，戴一顶西瓜小帽，开始从事平民教育运动，努力于普及教育工作。他和老妈子、洋车夫、小商贩、店员等贫苦的人们交谈、通信，指导他们学习。他到处发表演说,在家庭、街道、商店、工厂、兵营、监狱、寺院、蒙古包等,到处建起平民读书处和平民学校。陶行知把人民大众的教育,作为自己一生的大事业。

陶行知发现:"中国以农立国,十有八九住在乡下。平民教育是到乡下的运动。"他于1926年成立了乡村教育研究会,次年创办乡村师范学校,即著名的晓庄师范,培养乡村小学教师。陶行知穿上草鞋,和晓庄师生一起劳动、种田、养鱼、挑粪,同农民交朋友,向农民学习,探索为劳苦大众服务的新教育。他的信条是:"要把我们整个的心献给我们三万万四千万的农民,我们要向农民'烧心香'。我们心里要充满了农民的甘苦,我们要常常念着农民的痛苦,常常念着他们所想得到的幸福。"他认为如果全国教师对儿童教育都有鞠躬尽瘁、死而后已的决心,必为我们民族创造一个伟大的生命。因此他要求乡村教师要有"农夫的身手,科学的头脑,改造社会的精神",晓庄毕业生在陶行知的支持下,创建了不少学校,在全国卓有声誉。

陶行知在晓庄学校实践和贯彻他的生活教育理论,并以晓庄师范为基点,先后建立了小学师范院、幼稚师范院、晓庄小学,以后又发展为中心小学八所、中心幼稚园五所、民众学校三所、中心茶园及乡村医院、联村救火会、中心木匠店、石印工厂等等,探求中国新教育的道路。由于晓庄师生欢迎北伐胜利、反对土豪劣绅、支持工人反帝大罢工,这些进步活动使国民党政府心惊胆寒,于1930年封闭了晓庄学校,并通缉陶行知,他被迫流亡日本。

三十年代,陶行知又提倡"科学下嫁"运动,向工农劳苦大众普及文化科学。他隐居上海时,创建了自然科学园和儿童科学通讯学校,编辑《儿童科学丛书》和《大众科学丛书》。其后他又成立山海工学团、普及教育助成会,组织报童工学团、流浪儿工学团、工人夜校、识字班等。陶行知力图以工学团的形式,让每一个穷苦人受到教育。

"九一八"事变之后,陶行知逐渐把教育活动同民族民主革命斗争结合起来,发起成立"国难教育社",其任务在于唤醒大众救国的意识和行动,拥护中国共产党建立抗日民族统一战线的政策。1936年,陶行知赴伦敦,参加世界新教育会议,介绍其生活教育。受全国各界救国联合会委托,他以国民外交使节的身份访问了28个国家,宣传中国人民的抗日主张,开展募捐活动,争取侨胞与各国人民的支持。回国后,陶行知提倡战时教育运动,要用全面的教育配合全面抗战,并创编了《战时教育》杂志。

1939年,陶行知在重庆筹办育才学校,从难童中挑选有特殊才能者入学,这所学校得到了进步人士的支持,校内设有地下共产党支部。国民党政府用政治迫害和经济封锁的手段扼杀育才学校,陶行知艰难维持着,有人劝他抛弃育才学校,说"何必背着石头过河呢",但是陶行知说:"不!我是抱着爱人游泳呢!而且一定要游到对岸!"经过精心培育,以及参加抗日实际斗争的锻炼,育才师生一批批走出学校,投身于革命大潮中去。

抗战胜利后,陶行知以坚定的民主战士的姿态,奋不顾身地加入反内战、反独裁、争和平、争民主的斗争,在学校、工厂、机关、广场发表了大量演说。1946年7月间,李公朴、闻一多被国民党特务暗害,陶行知得知自己也被列入黑名单时,仍大义凛然地说:"我等着第三枪!"他沉着应战,抓紧工作,整理诗稿,准备牺牲。但因劳累过度,患脑溢血辞世,年仅55岁。毛泽东同志在延安各界追悼会上题写悼词,称他是"伟大的人民教育家"。

陶行知在一次演讲中说:"有人说我陶行知是步步下降,我回国时办大学,后来办中学,现在降级使用当小学校长,教小娃了。有人看到我的许多同学、同事和我的学生,因为善于趋炎附势,个个飞黄腾达,步步高升,不是面团团而为官商大亨,就是官至委员、部长、厅长,趾高气昂,别人也羡慕得很。但是坚持为国家、为老百姓服务的精神,在任何情况下,就是让我当小学校长,我也要贡献出一切力量来服务。而且很愉快,我相信我们一定会胜利。"这是献身于人民教育这一伟大事业的胸怀,陶行知是当之无愧的人民教育家。

我国幼儿师范教育的创始人

——教育家陈鹤琴

陈鹤琴,浙江上虞人。14 岁入杭州惠兰中学读书,受基督教思想影响。1910 年,就读于上海圣约翰大学,一年后考入北京清华学堂高等科。其间热心社会服务,在校内开设"校役补习夜校",还在校外为失学少年儿童办"义务小学",并任两校校长。1914 年,公费留学美国。1917 年,获霍布金斯大学文学学士学位后,入哥伦比亚大学,在著名教授克伯屈、孟禄、桑代克的指导下学习教育学、心理学。1918 年,获教育学硕士学位,次年,回国任南京高等师范学校教授。1921 年至 1923 年,对语体文应用字汇进行了系统研究,编成我国第一本汉字查检资料《语体文应用字汇》,开创了汉字字量的科学研究。1920 年起,他对自己的第一个孩子进行连续的追踪观察研究,写成《儿童心理之研究》和《家庭教育》两本著作。1923 年,在自己家里办起鼓楼幼稚园,进行幼儿教育的改革试验。此后,还协助办了樱花村幼稚园,与陶行知等人发起组织"中国幼稚教育研究会",创办《幼稚教育》月刊。此后,受聘为南京市教育局学校教育课课长,着力整顿中小学和幼稚教育。1928 年,负责起草了幼稚园课程标准,推行全国。1929 年,在"中国幼稚教育研究会"基础上成立"中华儿童教育社",他任主席。1934 年至 1935 年,赴欧洲十一国考察教育。抗日战争爆发后,主要从事难民、难童教育和推行新文字运动。1940 年 3 月,赴重庆参加国民教育会议,拒绝当国民党教育部国民教育司司长。同年 10 月,创办我国第一所公立的幼稚师范学校——"江西省实验幼稚师范学校"。1943年,改为国立幼稚师范学校,增设专修科,附设小学、幼稚园、婴儿园及国民教育实验区,从而形成了一个从中级到高级的完整的幼稚师范教育体系。他还在1941年创办了《活教育》月刊。后来,曾任上海市教育局督导处主任督学,接管外国人办的30多所中小学,创办上海幼稚师范学校,创立上海儿童福利促进会和上海特殊儿童辅导院。1948年8月,应联合国文教委员会邀请赴捷克斯洛伐克参加儿童教育会议。1949年8月,被任命为中央大学师范学院(后改名为南京师范学院)院长,还曾任中央人民政府政务院文教委员会委员,九三学社中央委员等职。

陈鹤琴终身从事中国新教育事业,在儿童心理、家庭教育、幼儿教育、小学教育和师范教育的研究和教育实践方面,都做出了卓越的贡献。

他总结中国儿童心理的基本特征,划分出儿童心理发展的不同阶段,提出幼稚时期(从出生到六岁)是人生最重要的一个时期,它将决定儿童的人格和体格、习惯、知识、技能、言语、思想、态度、情绪等,这些方面都要在此时期打下基础,因而他强调早期教育的重要性。他还提出了家庭教育一百零一条原则,包括普通教导法、卫生习惯、游戏与玩物、游戏与工作、惧怕与哭、父母的以身作则、教育孩子待人接物、扩充孩子的经验和给予孩子以良好的环境等诸多方面。

陈鹤琴在1927年发表的《我们的主张》,是对探索适合中国国情的教育道路,建立中国化的幼儿教育和幼儿师范教育的一个总结。该书包括以下内容:幼儿园要充分适应我国社会的需要,儿童教育是幼儿园和家庭的共同责任;凡儿童能学的而又应学的,就应当教他们;课程应以了解周围的自然、社会为中心,使各科目互相联结形成一个系统;注重音乐教育;应有充分适当的设备;应采取游戏式教学法;户外生活要多;要采用小团体进行教学;教师应是儿童的朋友;教师应有充分的训练;应有考查儿童成绩的标准。

他根据多年从事儿童心理研究及儿童教育的实践，提出了"活教育"的思想，把活教育的目的论、课程论、方法论概括为："做人，做中国人，做现代中国人，大自然大社会都是活教材；做中学，做中教，做中求进步。"（《活教育》月刊发刊词，1941.1）他认为，做一个现代中国人，起码要具备健全的身体、创造的能力、合作的态度、世界的知识、服务的精神。他的《活教育教学原则》一书，总结出17条原则，提出了"寓教于做"的思想，注重调动鼓励儿童的积极性和主动性，以培养儿童的独立思考能力、独立工作能力和创造能力。他还总结出了活教育训导的13条基本原则，强调要了解、研究、信任、尊重儿童，教师要以身作则，与学生打成一片，积极引导，注重实践。

邃密群科济世穷

——勤工俭学

周恩来在去日本留学时写下了一首著名的诗：

> "大江歌罢掉头东，
> 邃密群科济世穷。
> 面壁十年图破壁
> 难酬蹈海亦英雄。"

这首诗激励了不少的后来者。从近代起，中国人掀起了向西方学习的历史潮流，"邃密群科济世穷"，掌握先进的科学文化以挽救危亡中的祖国，正是千万留学生们孜孜以求的巨大动力。

辛亥革命前后，爱国志士都在探索救国救民的道路。挽救民族危亡，实现民主共和，发展实业，一直是近代中国人的奋斗理想。他们提倡输入西方文明。最初，倡导科学救国、实业救国和教育救国的教育运动，向人民群众普及文化教育，谋求经济发达；进而发展为探索中国社会根本改造的道路。1912年，李石曾、吴稚辉、吴玉章等人发起成立留法俭学会，提倡苦读之风，他们得到了蔡元培的赞助，赴法留学。李石曾开设一家豆腐公司，从家乡河北高阳等地招来工人。在工人做工之余，他又试办工人补习教育，工学并进，很有成绩。于是他将这一办法推及留法俭学生，让经济困难者兼任工作，以周济学费。

这样，留法人员中有工人求学，也有学生做工，以"勤工"达"俭学"的目的。赴法勤工俭学运动，就在留法俭学活动和赴法华工教育活动的基础上发展起来。1915 年 6 月，巴黎华工李广安等带头成立"勤工俭学会"，其宗旨是"勤以工作，俭以求学，增进劳动者的知识"。这是因为第一次世界大战期间，赴法华工增多，华工教育也日益扩大。1916 年 6 月，中法两国文化界发起了华法教育会，以促进中法两国友好关系，以进行文化交流为宗旨。由蔡元培和欧乐分别担任两国的会长，吴玉章为会计，李石曾为书记。组织赴法勤工俭学也是该会的主要活动之一，并且在国内各地设立分会。

留法俭学会很早就在北京设有留法预备学校。华法教育会成立后，大批青年申请赴法勤工俭学，又在河北省保定的蠡县布里村保定育德中学设立了预备学校，四川、广东等省的预备学校（班）也相继建立。预备学校分为初、高两级，初级为工艺实习学校，专为赴法以做工促求学的预备，以法文、图画和工艺实习为主科，还有中文及普通知识，至少要学习一年，实行半工半读；高级班为专修科。1918 年，法文专修馆成立，分设于北京各城区和长辛店等地，有师范科和工业科，学习法文与专业学科一至二年，授课同实习相结合。

周恩来在给赴法友人的送别诗中写道："出国去，走东海、南海、红海、地中海；一处处的浪卷涛涌，奔腾浩瀚，送你到自由故乡法兰西海岸。到那里，举起工具，出你的劳动汗，造你的成绩灿烂。磨练你的才干；保你的天真烂漫。他日归来，扯开自由旗，唱起独立歌。……"大批赴法勤工俭学青年正是怀着这样激昂的热情和精神，奔赴大洋彼岸的。当时的中国，军阀混战，外国压迫，民生凋敝，危机深重，广大青年学生为国家和民族的前途而担忧，却又面临失学失业的痛苦。新文化运动的深入和"五四"运动的爆发，使国内各种新思潮十分活跃。蔡元培等人宣讲"劳工神圣"，把"工"和"读"结合起来的工读思潮盛极一时。民主与科学的思潮，反帝爱国运动的潮流，以及中国民族工业的初步发展，给人们以新的希望。青年们带着对"民主自由故乡法兰西"的向往和实业救国的思想,赴法勤工俭学。"五四"时期,赴法勤工俭学运动形成高潮。

从1919年至1920年间,共约20批学生先后到了法国,计有1700人左右,来自全国的18个省。他们绝大多数是16岁到30岁的青年,其中有女生20人。中国早期的共产主义者中,李大钊、毛泽东、吴玉章等,都是运动的组织者。周恩来、邓小平、陈毅、聂荣臻、李富春、徐特立、蔡畅、邓颖超、蔡和森、王若飞、赵世炎等人,都是赴法的勤工俭学生。1921年,周恩来、赵世炎、王若飞等发起了中国社会主义青年团,在留法学生和华工中积极宣传马列主义。

勤工俭学,有的先工后读,有的先读后工,有的半工半读。他们和工人一同劳动,生活俭朴,以普通劳动者自勉。王若飞在圣夏门钢铁厂做工时,严格安排每天工作和读书的时间,八小时做工,五小时读书。他在日记中写道:"我对于我现在的做工,是抱定下面的四个条件去做:(一)养成劳动习惯。(二)把性磨定,把身练劲。(三)达求学的一种方法。(四)实地考察法国劳动真相。"在他们的思想中,并非以俭学为目的、勤工为方法,而是学和工都为目的。他们号召青年们打破知识阶级的界限,学习苏联的经验,做工人农人的解放事业。他们还深入考察法国的社会实际,了解工人阶级的生活和斗争情况,并且研究各种社会主义思潮。

勤工俭学运动中,逐渐产生了各种社团组织,如勤工俭学励进会、劳动学会等等。他们团结和影响广大留学生,成为开展革命斗争的中坚力量。1921年,资本主义世界的经济危机导致工人失业,勤工俭学生也陷入欲工不得、欲学不能的困境,发动了争取"吃饭权、工作权、求学权"的斗争。同年6月和8月,为抗议中国政府秘密向法国政府借款,勤工俭学学生又展开拒款的爱国斗争。9月,为解决勤工俭学生的求学问题,勤工俭学学生又掀起了要求将里昂中法大学改为工学院的斗争。三次斗争在中法政府的联合镇压下,均告失败,蔡和森、陈毅、李立三等104人被法国政府武装押送回国,大批勤工俭学生先后也被迫归国。赴法勤工俭学运动进入低潮。

周恩来曾写下了《勤工俭学生在法最后之运命》一文,他感慨道:"数万里的海程他们辛辛苦苦的来了;更悲悲惨惨的回去。劳动的真实的生活被他们尝着了;中法文化提携的假面具被他们识破了;社会现象的不平等,东亚西欧如同一辙,也被他们发现了;纯洁的青年人格更从他们身上表现出来了,这岂不是他们大有所得。"赴法勤工俭学,促成了爱国青年中先进分子的觉悟,在学习、工作和斗争中成长为坚定的马克思主义者。还有一部分人留在法国继续学习科学技术,成长为专业人才,回国后从事各方面的工作。赴法勤工俭学,为中国革命做出了卓越贡献,给中国共产党的成立准备了思想条件和干部条件,同时在中国教育史上更留下了光辉的一页。

平民教育的倡导者

——教育家晏阳初

在 "五四"运动推动下,在 20 世纪 20 年代,反对封建文化、反对旧道德的势力汹涌澎湃。在教育领域,开办平民教育,企图通过教育救国强邦的思潮一浪高过一浪。但随着形势的发展,这"平民教育"旗帜下的人们却分道扬镳了。一部分人,在先进的共产主义思想指引下,走上了与工农相结合的革命道路;一部分人,则坚持了实用主义学说和现实道路。晏阳初便是这后一种人的典型代表。

晏阳初,四川巴中县人。从小就读于教会学校,在香港圣保罗学院预科毕业后,赴美留学,入耶鲁大学。

晏阳初说:"我是中华文化与西方民主科学思想相结合的一个产儿。我确是有使命感和救世观;我是一个传教士,传的是平民教育,出发点是仁和爱。我是革命者,想以教育革除恶习败俗,去旧创新,却不主张以暴易暴。我相信'人皆可以为尧舜'。圣奥古斯丁说:'在每一个灵魂的深处,都有神圣之物'。人类良知的普遍存在,也是我深信不疑的。"

第一次世界大战期间,晏阳初赴欧洲,在法国白朗华工营成立汉文班,组织华工识字,任中国旅法营工会干事。1920 年回国后,在长沙、烟台、杭州、嘉兴等地创办平民学校,推行识字运动。1920 年与朱其慧、陶行知等在北京发起成立"中华平民教育促进会",任总干事。在全国半数以上省份成立了分会并广泛开展活动,编写识字课本,开展教学,试图使青年和成年文盲从认识最基本的汉字中,获得最基本的生活知识。1926

年以后,活动中心从城市转向农村,以河北省定县为乡村平民教育实验区。1929年"平教会"总部迁往定县,开始实验"乡村建设"计划。

与此同时,他号召知识分子"走出象牙塔,跨进泥巴墙"将自己的爱国情怀报国之志转化为用自己所学的科学知识投身于改造农村社会,解除农民疾苦的实际行动。在他的带领与影响下,数以百计的中高级知识分子,其中包括许多海外归来的博士、硕士,他们纷纷放弃了都市中优越的工作条件与舒适的生活环境,携妻将雏,举家前往偏僻艰苦的定县,加入了乡村平民教育与乡村建设的行列。这一称为"博士下乡"的举动,标志着中国近代知识分子对"学而优则仕"与"坐而论道"等传统观念的超越。他们希望能通过定县这个"社会实验室"为中国的广大农村与整个社会摸索出一条自强自救的建国方略。

晏阳初认为,中国乡村的基本问题是愚、贫、弱、私,根治的办法是提倡文艺教育、生计教育、卫生教育、公民教育。而这四大教育的实施,要通过三种方式:学校式、社会式、家庭式。学校式即贫民学校,是实现四大教育的总枢纽。

晏阳初在河北定县推行的各项平民教育活动都从农民的切身需求出发,着眼于小处:以文艺教育救"愚"。通过学习文化、艺术教育和普及科学知识开发民智。他们编写了600余种平民读物;选编了包括鼓词、歌谣、谚语、故事、笑话等60万字的民间文艺资料,搜集民间实用绘画、乐谱等,组织歌咏比赛、农村剧社,举办各种文艺活动。以生计教育治"贫"。进行农业科学研究,举办实验农场,改良猪种和鸡种;对农民进行"生计训练",如推广良种、防治病虫害、科学养猪、养鸡、养蜂,组织农民的自助社、合作社、合作社联合会,开展信用、购买、生产、运输方面的经济活动。以卫生教育救"弱"。实施卫生教育,创建农村医药卫生制度,村设保健员,联村设保健所,县设保健院。1934年,全县建成这一系统,农民每年人均负担不过大洋一角。在控制天花流行,治疗沙眼和皮肤病方面取得明显成绩。以公民教育救"私"。晏阳初认为平民教育的基础是识字教育,中心是公民教育,以养成人民的公共心与合作精神。他们出版多种公民教育的材料,进行农村自治的研究,指导公民活动和开展家庭教育。

晏阳初在定县的乡村教育实践得到国民政府民政部次长的肯定,并决定将晏阳初的经验向全国推广,设立了乡村建设育才院,在中国各省划出一个县进行乡村教育试点,期间先后成立了定县实验县、衡山实验县、新都实验县和华西试验区等乡村教育实验区。

1933年,河北省县政建设研究院在定县成立,晏阳初任院长、实验部主任兼实验县县长。1935年,在湖南衡上建立"平教会"南方基地。1940年,在四川巴县歇马场创办"乡村建设育才院",不久改名"乡村建设学院"。设农田水利、农学、乡村教育、社会四个系,训练乡村建设人才。该院先后办了十年,毕业学生近千名。

晏阳初自20世纪20年代开始致力于平民教育七十余年,被誉为"世界平民教育运动之父",与陶行知先生并称"南陶北晏"。他20世纪20年代至20世纪30年代在河北定县的平民教育实践为定县乃至河北留下了大量有形和无形的财产,据20世纪80年代的统计,定州,即定县,是河北省内唯一一个无文盲县;20世纪20年代晏阳初引入的良种棉花、苹果、白杨等作物和培育的良种鸡等仍然广受当地农民的欢迎。

在晏阳初看来,"民为邦本,本固邦宁",这话虽旧,"实有至理。人民委实是国家的根本。"然而,当时中国虽号称有四万万人民,但其中80%以上是文盲。而且中国以农立国,这些"有眼不会识字的瞎民"的绝大多数是在农村。因此,为平民办教育,尤其是到乡村中去为农民办教育,是"开发世界最大最富的'脑矿'",这是关系到"本固邦宁"的根本问题。他说:"我们都希望有一个更好的世界,但其确切含义是什么?世界最基本的要素是什么?是黄金还是钢铁?都不是,最基本的要素是人民!在谈及一个更好的世界时,我们的确切含义是需要素质更好的人民。"

晏阳初始终坚持工作中的民间立场,他说:"如果你想在教育上或其他领域内提倡新思想和新制度,那就最好不要介入政治,这样,你才有做实验的绝对自由,这是能充分发挥自己智慧的惟一方法,否则,你就会由于放弃原则而失败。"他主张知识分子到乡村去,为农民办教育,要"化农民",自己首先必须"农民化"。要虚心向农民学习,"给农民作学徒";要与农民共同生活和劳动,只有在同他们广泛深入的接触中,才能真正了解他们的需要,更好地为他们服务。晏阳初的教育思想,反映了他的拳拳爱国之心,不仅在当时产生了很大社会影响,而且在当下也仍有现实意义。

第一个向国内传播马克思主义教育思想的教育理论家

——杨贤江

杨贤江,字英父,又名李浩吾。笔名曲宅、姚应夫、李谊、叶公朴、李洪康、李膺扬等多个。1895 年生于浙江省余姚县一个贫苦的成衣匠家庭。1931 年逝世于日本长崎,终年三十六岁。杨贤江是我国第一个向国内系统介绍和传播马克思主义教育思想的教育理论家,也是我国最早领导青年运动的革命家之一。

杨贤江的一生是短暂的,他的思想发展大体可以分为两个阶段。在 1923 年前,基本上还是一个民主主义者。他的哲学观点,接受了我国宋明理学家和欧洲人文主义及康德思想的影响。一方面,他认为人的本质意义在于有"人格","人格"包括道德和理性。人有绝对价值和自由意志;人的理想不应受历史限制,历史应为理想的产物;美有独立存在的价值,美能使人脱离现实社会的束缚。另一方面,他吸取了宋明理学家重视实践的精神和人文主义重视人权的思想,扬弃其独善其身的个人主义思想。在"美"、"理想"等抽象问题的理解上,含有唯心主义因素。在教育性质和作用的认识上,基本是个"万能论"者。他认为:"一切的社会改造运动""都不及教育的有根据、能永久。"他认为社会要改造,必须改造人,而改造人,则必须依赖教育。1923 年,杨贤江参加了中国共产党。在党的教育下,他的思想转变很快,发展到了第二个阶段。他对照马克思主义理论,否定了自己原来的教育可以脱离政治和教育万能的思想,批判了自己所受的唯心主义思想影响,认识到只有革命的教育,才是适合中国社会所需的教育。只有了解中国现状并参加革命，才是中国所需要的人才。

杨贤江的教育思想集中地反映在他的大量文章和《教育史 ABC》与《新教育大纲》两部著作中。其教育思想可归纳为以下四个方面：

（一）教育的本质、教育的发生和发展。他认为教育是上层建筑之一，同经济基础、生产力以及社会生活有紧密的联系。但它不同于其他上层建筑，而有其特殊性，它是"以传达各种学科的内容为职责"的。他认为教育"是社会所需要的劳动领域之一，是给予社会的劳动力的一种特殊的资格"。他认为教育是由于生产劳动需要而产生，并且在劳动过程和生活过程中发展起来的。

（二）教育的效能、教育和革命的关系。他认为教育的效能是制约于一定社会的经济和政治的，但"也有率先领导或促进的功能"。主张革命群众获取政权之后，教育的任务是巩固并促进革命政权的发展。

（三）教育的政治使命和学生运动。杨贤江认为，在社会变革中，教育负有重大的政治使命，它既是革命的需要，也是为了解放自己。

（四）批判封建社会、资本主义社会的教育和论述社会主义社会的教育。他认为，贵族与领主要求农民安分守己，努力生产，限制他们受教育，资本主义教育依然是对劳动人民的奴役之举。杨贤江竭力传播马克思在《共产党宣言》等书刊中所提出的共产主义教育理想，为社会主义教育在中国的实现而不断奔走呼号。

杨贤江的教育思想是"五四"以后以马克思主义武装起来的新文化思想的重要组成部分。杨贤江是我国早期重要的马克思主义革命家、教育家之一。他的许多教育观点，至今仍值得我们很好地学习和继承。他的革命实践和品格，至今对我们仍具有无比巨大的鞭策力。

最后的儒家

——梁漱溟

梁漱溟,原名焕鼎,字寿铭,广西桂林人。1893 年生于北京。族谱记载,梁家始祖也先帖木儿是元朝宗室。武昌起义爆发,即将中学毕业的梁漱溟参加了汪精卫组织的革命团体京津同盟会。不久清帝退位,他又参加《民国报》宣传革命,"漱溟"二字正是当时总编给他拟的笔名。

梁漱溟只受过西式学堂的中学教育,但对儒学、佛学却有着深刻见解。1916 年 23 岁的梁漱溟在《东方杂志》发表佛学文章《究元决疑论》。这篇论点新颖的文章引起了北大校长蔡元培的注意,随后梁漱溟受蔡元培之聘任北京大学印度哲学讲师。在北大,梁漱溟明确表明自己不属于新派人物,他不赞成全盘西化的主张,更瞧不起那些古书堆里的国故派。年轻的梁漱溟在新旧两派之外特立独行。

在梁漱溟看来,清末以来的历史简直就是改革运动失败史。急于自救的中国人对西方制度心向往之,始终不明白为什么这种制度无法在中国真正建立。他提出了三层原因。第一层是 20 年来没有成功的原因:西方政治是多数人的政治,中国改革是少数人的改革,多数人没有这样的要求;第二层是短时间内不可能成功的原因:没有相应的物质条件;第三层是永远不可能成功的原因:东西方民族精神背道而驰:西方是个人本位,中国是伦理本位。西方围绕个人权利观建立制度,中国靠道德教化、社会伦理维护秩序。中国的自救之道是由散漫的村落社会演进为经济上和政治上有组织的社会。新政治习惯与新经济道路,都应该从乡村起步。

　　梁漱溟的思想从实在的问题中来,现在又回到实在的行动中去。1924 年,梁漱溟辞去北大教职,到山东菏泽办高中,创办了山东乡村建设研究院,推行乡村建设运动。1925 年任山东省立六中(今菏泽一中)高中部主任。1927 年他去广东做乡治实验。1928 年梁漱溟担任广东省立第一中学(今广雅中学)校长,他将广雅精神提炼为"务本求实"四个字,并成为延续至今的校训。1929 年又去河南参与筹办村治学院。1931 年,在山东省主席韩复榘的支持下,他和村治学院的朋友来到山东邹平开始新实验。他们权限很大,整个县都可说是他们的实验室。1931 年 3 月,梁漱溟等在邹平县成立山东乡村建设研究院。之前梁漱溟曾在广东倡导"乡治"、在河南尝试"村治",到山东则改称为"乡村建设"。之所以选址邹平,是因该县靠近胶济铁路,离济南又不远,县本身既不大也不小,各方面条件有利于乡村建设实验。

　　乡村建设研究院分三部分,第一部分是乡村建设研究部,由梁漱溟任研究部主任,该部招录大学毕业生或大专毕业生 40 名,二年毕业,主要教材是梁漱溟编写的《中国民族自救之最后觉悟》和《乡村建设理论》,学员毕业后分配到实验县任科长和辅导员等职务。第二部分是乡村服务人员训练部,负责训练到乡村服务的人才,招录对象是初中毕业生或同等学力者,每期一年结业,主要课程有乡村建设理论、农业知识、农村自卫、精神陶炼、武术等科目。学员由每县招考 10 — 20 名,结业后各回原县,担任各县乡村建设的骨干工作。第三部分是乡村建设实验区,以邹平县为实验地。实验区有县政府,隶属乡村建设研究院,县长由研究院提名,省政府任命。

　　1932 年邹平由乡村建设实验区改为县政建设实验县。乡村建设研究院于 1935 年还成立了一个乡村建设师范,地址在研究部内,梁漱溟曾任校长半年。课程除乡村建设理论、乡村教育和精神陶冶外,其他与普通师范课程相同。邹平实验县的行政区划经过撤并,整改为14乡。全县整个行政系统实行教育机关化,以教育力量代替行政力量。县以下设乡学,取消乡(镇)公所,几个村或10个村有一乡学,乡学就是"政教合一"的机构,乡学下设村学。设置乡学村学的目的是培养农民的新政治习惯——农民对团体生活及公共事务的注意力与活动力。梁漱溟说:"我们乡学村学的组织,如能发生作用,乡村真正活起来,则对于中国地方自治问题的解决,不啻发明了一把锁钥,找着了它的诀窍,岂不是一件很伟大的事业吗? 我们山东乡村建设研究院在邹平做乡村建设实验,什么时候才算成功呢? 直截了当地说,就是乡学村学真正发生组织作用,乡村多数人的注意力与活动力均行启发,新政治习惯培养成功而完成县自治,研究院实验县的大功就算告成。"

梁漱溟特别强调发挥传统伦理精神在培养农民新政治习惯时的作用。梁漱溟认为:中国伦理是从情谊出发,以对方为重,人与人间的关系可以做到连锁密切融合无间的地步。中国从前有五伦之说,现在再添一伦,就是团体对个人,个人对团体,彼此互相尊重,互有义务。梁漱溟通过自己编定的"村学乡学须知",来要求大家各尽自己的义务,使自己的行为符合伦理情谊。梁漱溟还认为:今日乡村组织必须是一教学组织,最根本的是要提倡农民"求进步""向上学好"。梁漱溟废掉乡镇公所而成立乡学村学,用意即在此处。乡学行政上受县政府的领导,同时接受研究院的指导,是"寓政于学"的机构。

全乡组织董事会,推出乡中德高望重、有文化、年龄较高的人当学长,学长由县政府下聘书,实际大都是地方乡绅学者名流担任。乡学里还有教导主任一人,负责管理教育工作。再有研究院直接派来的辅导员一人,大都是研究部的学生,负责指导协助乡理事和教导主任,在各项工作中贯彻乡村建设理论思想。乡学内设乡队部、户籍室、卫生室。各村的村学组织与乡学差不多。乡学村学中的成员,包括全乡全村的农民,统称为学众。

某种意义上说，乡建运动是少数知识分子以自己的人格去感召多数农民的运动。他们不能一开始就强迫农民接受任何改革方案或新的组织形式。他们不能发布"命令"而只能引导农民用集体行动解决自己的问题。但在多数地方，他们找不到当地德高望重的人担任校长，无法建立村学。农民们认为村学、乡学无非是教他们读书识字，作用不大。

经济建设是乡村建设的主要内容。梁漱溟说，"谁不知道注意于经济呢？""不过，单从经济上做功夫，是解决不了经济问题的。因事情要靠人做，所以人的问题当先。"其他的乡村工作团体"比较缺乏一个根本的注意——要农民自觉有组织发生力量而解决自身的问题，不免枝枝节节地帮农民，给他一点好处"。梁漱溟试图通过各种途径发挥农民的生命力、主动性。

梁漱溟主张"纳社会运动于教育之中，以教育解决社会问题"，这也是邹平乡建运动与当时一些试图扶助农村、救济农村的活动大相径庭的地方。梁漱溟相信受教育的农民可以自救，可以激发出活力。他企图通过一种"广义的教育工程"，来开出乡村建设的新风气，造成乡村建设的新潮流，挽救数十年来乡村破坏，从根本上解决中国文化的复兴与中国民族的自救问题。这充分表现了他的忧患意识与爱国热情，也充分反映了他的哲学思想与对中国社会的历史观与政治主张。但是，由于他过分强调了中国社会的特殊性，认为通过和平的手段走改良的途径，就可以解决中国的问题，他忽略了土地问题与生产关系等一些根本性的问题。结果事与愿违，山东乡村建设研究院的实验未能取得预期的效果。客观上也没有得到广大农民的理解与拥护。结果诚如梁漱溟自己承认的那样："高谈社会改造而依附政权；号称乡村运动而乡村不动；走上了一条站在政府一边改造农民，而不是站在农民一边来改造政府的道路。"

1937年"七七事变"爆发，梁漱溟在邹平苦心经营了七年的乡村建设运动,在日军的进攻下草草结束。邹平的实验是以乡村教育来推进乡村建设:乡村教育没有乡村建设,便没有了生机;乡村教育建设没有乡村建设,便没有前途;因此,乡村教育与乡村建设在实际上是二而一,一而二的关系。

梁漱溟希望以现代新儒家的精神重新构建中国文化和社会组织结构,实现国家的现代化,这场运动后来被学术界称作"20世纪中国最伟大的儒家活动",梁漱溟被称作"最后的儒家"。作为一个教育家、思想家和社会活动家,梁漱溟的思考和探索涉及到一个世界性的命题:在传统社会向现代社会转型的过程中,应该如何处理民族文化传统与现代化的关系。梁漱溟通过教育的形式,从农村基层做起,试图改良中国的经济和政治结构,其构思之宏大,远非常人所能想象。时代不断地更替,梁漱溟所提出的问题依然没有完全解决,梁漱溟的梦想也越发历久弥新。

天下兴亡,匹夫有责

——爱国学运

"五四",代表历史,代表青年;"五四"精神,代表着民主,代表着未来。一个"五四"青年节,把历史与未来紧紧相连。在七十五年前,一批年轻的志士,决心用他们的热血浇灌中国的大地,像杜鹃啼血般去召唤中华的民族魂。我们古老的民族与悠久的历史,经历了多少战乱与和平,多少背叛与忠诚,多少分裂与统一,才终于迎来了光明的岁月。没有"五四"民主与科学的精神,哪会有今天屹立于世界民族之林的强大中国? 忘记过去,就意味着背叛。

爱国学生参加过辛亥革命,这场革命使清王朝灭亡;爱国学生发起了"五四"运动,这场运动使卖国贼胆寒心战;爱国学生又掀起了"一二九"运动,这场运动推动全国人民抗日救亡运动走向新的高潮。国民党反动派致力于内战反共,民族危机日益严重。广大爱国师生忍无可忍,抓住一切时机,集会结社、出版报刊、游行示威,反对国民党的"攘外必先安内"的卖国政策。"九一八"事变后,各地学生冲破重重阻拦纷纷到南京政府请愿,他们"鹄立于风雪之中过夜,一任风雨饥寒之肆虐者一昼夜,甚至有病苦不支而倒地者,全体一心,至死不去"。1935 年 12 月 9 日,北平学生愤怒喊出"打倒日本帝国主义""争取爱国自由"等口号,举行声势浩大的示威游行。他们以一腔热血,赤手空拳地同手持木棍、大刀、水龙头的反动军警搏斗了一天,全国各地响应这一爱国运动,呼吁"停止内战,一致抗日"。从此,全国广大学生掀起了轰轰烈烈的抗日救亡运动。

青年是时代的晴雨表。"恰同学少年,风华正茂",他们有热血,有理想,有信念。在国难当头的关键时刻,青年学生应当奋不顾身、挽救国家的危亡,还是蛰居教室、不问国事,一心只为谋求进身之阶呢?大多数青年的选择都是前者。更何况当时偌大的中国,已放不下一张平静的书桌了。"少年心事当拿云","五四"精神和"一二九"精神,将永远是我们青年人的财富。

杨德群,北京女子高等师范的学生,和刘和珍一样是"三一八"血案的牺牲者。她不避艰险,切实从事,对于国事及其他公益事业尤具热忱。谈起国难,她曾于情激之时说过:"处在这个内乱外侮交相逼迫的次殖民地之中国,倒不如死了干净!可是我要死,要先炸死几个卖国贼才甘心!"热情深藏,刚烈如火,只是不轻于说话,不喜出风头。1926年3月18日,北京学生为抗议帝国主义残暴的最后通牒,在天安门召开国民大会,杨德群义无反顾地去了,竟惨遭卖国者的屠杀。身虽已逝,青史留名。

爱国的青年学生,都本着"天下兴亡,匹夫有责"的意识,积极投身于爱国民主运动。1947年5月4日,各地学生为继承"五四"革命精神,纷纷举行"五四"运动28周年的纪念活动,挣扎于国难与饥饿线上的学生们再次掀起斗争。上海、南京的青年学生首先行动起来,他们的口号是"反饥饿、反内战、反迫害","要饭吃、要和平、要自由",接着京津各大学学生为反饥饿反内战宣布罢课。5月20日,京、津、宁、沪等地学生举行更大规模的示威游行,国民党反动派用逮捕、监禁、殴打、屠杀来镇压。但是广大青年学生并没有被吓倒,学生运动更加扩大至全国60多个大中城市。毛泽东把震撼全国的反饥饿、反内战、反迫害的学生运动,称作是第二条战线,他说:"蒋介石进犯军和人民解放军的战争,这是第一条战线。现在又出现了第二条战线,这就是伟大的正义的学生运动和蒋介石反动政府之间的尖锐斗争。"从"五四"开始,在中国共产党的领导下,广大青年掀起的爱国学生运动此起彼伏,风起云涌,有力配合了抗日和人民解放战争。

在今天的时代,"五四"精神仍旧是激励我们民族自强进步的原动力。作家秦晓鹰在纪念"五四"时有过一段话,引人思考和振奋。他说:"法国著名作家罗曼·罗兰在谈到文艺复兴时的艺术瑰宝时,曾把它们比作'崇高的山峰'。他写道:'我不是说任何人都能在高峰上生存,但是一年一度都应上去顶礼。在那里,他们可以变换一下肺中的呼吸与脉管的血流。……之后,他们再回到人生的户原,心中就能充满日常战斗的勇气。'其实,'五四'和'五四'精神也是一座高峰。每到这一天,我们都应该悉心地看看我们民族勇敢前进的脚步,都应该听听我们祖国怦怦跳动的心脏声。但在这一天,在'五四',我们应该抛弃庸俗。"英雄的身影没有走远,他们的热血、他们的理想和信念与我们共存,我们将永远发扬我们民族青年人的战斗精神。

夜校·冬学

——工农教育

毛泽东曾指出,在革命根据地,"一切文化教育机关是操在工农劳苦群众的手里,工农及其子女享有受教育的优先权,苏维埃政府用一切方法来提高工农的文化水平。"因而,工农业余教育在根据地的教育体系中,占有十分重要的地位,各地普遍地蓬勃地开展了群众性的文化革命运动,以扫除文盲为主要任务,声势浩大,影响深远。

土地革命时期,苏维埃地区的工农业余教育的最普遍形式为夜校。夜校是供工农群众利用晚间进行识字的学校,有固定的学习时间、地点和编制。当时夜校村村都有,学生多少不一,年龄不定,每校有一个教员,由村里稍识字者担任。城镇工人的夜校,不仅仅为扫除文盲,还要提高工人的文化政治水平和技术水平,包括了文化、政治和技术课的教育。

夜校的教材,是结合一定时期政治斗争的任务和地方的实际情况编写的。教材的主要内容是进行政治军事教育,启发群众的阶级觉悟,并传授社会和自然常识、卫生知识。《工农兵三字经》是当时流行最广的教材,书中写道:"天地间,人最灵,创造者,工农兵,工人们,劳不停,苦做工,晨到昏;……赚红利,厂主吞,工人们,毫无分。农人苦,写不清,租税重,难生存。……此等事,最不平,无可忍,团结心,入共党,组红军,打土豪,除劣绅,废军阀,莫容情,阶级敌,一扫清。世界上,一样人,人类中,永无争,大同现,享安宁。"中央教育部编印的《成人读本》第一册的内容有:数目字、斤两钱分、丈尺寸分、石斗升合、大月小月、一日的时数、工人、农村居民、军队、中国的气候、中国的地势、中国的人口、中国米麦的产地等等。

苏区教育部在1933年颁布了《夜学办法大纲》，规定夜校的任务是"在不妨碍群众的生产和工作的条件下，于短期间扫除文盲，与提高群众的政治文化水平"；夜校的课程"除识字外，要教政治和科学常识，同时还要注重写字和作文"；夜校的教法要"注重讨论和问答，注重写墙报，写开会的记录和决议，最低限度也要学到写标语口号，这样才能发展学生的自动性、创造性，最要注意的一点就是要把书上所写的东西拿来应用，要把应用放在第一位"。学与用相结合，历来都是我国工农教育的优秀传统。

夜校之外，苏区还有半日学校、露天学校、星期学校、寒暑假学校、识字班、识字组、读报组、俱乐部、列宁室、巡回图书馆、研究会等等，形式多样，组织活泼。充分利用工农群众的各种闲暇时间，进行教学。同时开展丰富多彩的文化娱乐活动，组织政治或科学讲演会、谈话会、读报讲报、编写墙报、游艺、演戏、体育活动等，进行社会教育。

抗日战争时期，各个抗日民主根据地普遍开展了大规模的冬学运动，由党政部门和群众团体共同组成冬学运动委员会来领导。因为农民的业余时间主要指农闲，而农闲最集中是在冬季，所以组织冬学配合斗争任务对群众进行教育。冬学可在时间上分为早学、午学和晚学，群众能根据自己的实际情况自愿参加，教课则聘请小学教师或粗通文字的人来担任。从教学内容上，冬学又分为识字班、宣讲班、技术训练班等。识字班的要求是"明理第一，识字第二"，最初是以小学为核心建立起来，以集体教学为主。后来根据群众生产和生活的特点，形成多种学习小组，如地头组、运输组、放羊组、民兵组、担架组、纺织组、编席组等等。宣讲班是围绕各时期的中心任务对群众进行及时的宣传教育，以提高他们的认识，每十天进行一至三次。技术训练班是为使群众掌握有关生产或战争的具体技术而开办的，如地雷训练班、"地下建设"（地道）训练班等。

冬学的课本比较注意有计划地解决当前斗争中存在的问题，语言通俗简明，从斗争的形势、任务、政策，讲到根据地建设的各项工作，如发展生产、减租减息、拥军优抗、缴公粮等等；还有民兵、妇女教育、科学卫生教育的内容。晋察冀边区为配合反"扫荡"、反"清剿"斗争，特别编写了《不告敌人一句实话》《坚壁东西》《送情报》《派饭》《当心敌人放毒》《不给仇敌粮食》《不用汉奸票子》等课文；各地区还根据特殊需要，编写了《妇婴卫生》《巫婆害人精》《怎样种庄稼》《粮食战》《毁民沟》《除奸》等教材。

在冬学运动中，广大群众充分发挥了积极性和创造性，采取夫教妻、子教父的"小先生制"，或是婆媳轮流上冬学轮流做家务、互教互学，佳话频传。各地还设有读报组、黑板报、"文化岗"等群众自我教育的方式。每个村口都挂着一块黑板，或者用灰刷出一块牌来。每天的上下午，黑板上都写着不同的字，每次换岗时，上一班的人便教给下一班的人。在查完路条时，站岗的也要问过路人："同志请你念一念这三个字！"过路人念道："打日本。"接着还进行口头考试："为什么要打日本？"这就是"文化岗"，在村口设立识字牌和政治测验的问答牌，由站岗放哨的儿童考问行人，答对的放行，答不对的要听孩子们的讲解，学会再走。

1941 年 10 月 24 日的《解放日报》上，有篇社论题为《开展冬学运动》，论述了冬学运动的伟大意义及其影响，称它为中华民族的骄傲。文章说："它（日本帝国主义）不会想到就在它的碉堡周围，就在它的炮口下面，展开着抗日反汉奸的民众教育。同时有些人曾认为在战争中，不可能有任何文化运动，战争来了，文化只有退位，只有逃亡。但是，今天的事实却告诉我们，包容着广大人民的冬学运动，恰恰就展开在战火最激烈、战斗最残酷的地区。在反侵略战争中，广大人民的觉醒，文化运动最深厚的源泉，最生动的力量，这些人是预见不到的。手执红缨枪看守识字牌，这一幅刚健的图画是他们梦都不曾梦到的！"

在中国共产党领导下的工农群众，经过革命战争的洗礼和锻炼，对自己的教育表现出巨大的热情,发挥出强大的积极性和创造性。这种全民性的教育运动,其动员之广泛、形式之多样、组织之灵活,是中国教育史上的首创,是卓有成效的,是任何资产阶级所曾经倡行的"平民教育"、"普及教育"不能比拟的。

民族教育的新篇章

——抗日小学

在民族生死存亡的紧要关头,抗日民主根据地特别实施了"抗战教育"。在抗战教育政策中,有一条是:"办理义务的小学教育,以民族精神教育新后代。"虽然在抗战之中,因为形势的紧迫,干部教育重于群众教育,成人教育重于儿童教育,但是新生一代的教育在任何时候都是不会被忽视的,哪怕是在万分艰苦的条件之下。

根据地小学都重视抗日的政治教育,编印配合抗日的教材,增加政治常识和军事训练,减少或者取消战时的一些不必要科目。根据地小学不把学生局限在课堂里,而是组织他们参加站岗、放哨、查路条、送信、募集慰问品等社会活动;还有的进行同敌人面对面的斗争,送情报、抓汉奸、破坏日寇交通、开展劫敌运动等等。小学实行民主管理,建有学生会组织,培养集体主义思想,并在教师的领导下锻炼学生独立工作能力。教师以说服、鼓励、商讨为教育方式,制订生活检讨会制度,进行集体性、民主性的自我教育。

在抗日最艰苦的 1941 年和 1942 年,日本侵略者以残酷的"三光政策"对我根据地进行"扫荡",各校都用敌寇灭绝人性的杀戮暴行教育儿童,激发他们的民族觉悟和爱国情感,并对儿童进行"五不教育":一不告诉敌人一句实话;二不报告干部和八路军;三不报告地洞和粮食;四不要敌人的东西,不上敌人的当;五不上敌人的学校,不参加敌人的少年团。通过教育,在反"扫荡"的斗争中涌现出一批小英雄。

延安是当年中国青年心目中的明灯,进步知识分子云集于这块本是文化教育荒漠的土地,根据地的教育得以迅速发展。但是由于参加小学教育工作的外来知识分子缺乏农村革命工作的锻炼,出现过脱离实际的情况。他们搬来外国"强迫教育"的理论武器,在根据地实行"强迫义务教育",最初过分追求数量,后来又决定精简合并学校、重质不重量,建立统一正规的小学。敌人的烧杀抢掠,使社会生产、人民生活遭到极大破坏,千方百计地增加生产,服务抗战,这是当时的第一需要。所以当时小学教育的"集中"与"统一",同分散而又落后的农村实际背道而驰,大大限制了儿童入学的机会,教育与战争和生产严重脱节。

1942年整风运动开始后,纠正了教育工作中的主观主义与形式主义,发动群众根据本身的需要自己动手来办学,民办与公助相结合。根据地小学在这一新形势下发展很快,主要有五种类型:米脂高家沟式小学,群众自办自管自教,推举本村识字最多的人为教员,其土地由全村变工代耕,教学时间分全日、半日两班,农忙时就放假,没有一定的年限,学到能写会算就毕业;延安杨家湾式小学,教师由政府派遣,教学上一切从群众的需要出发,采用小先生制、集体讲授与个别照顾相结合的办法,打破旧学校死板的学制及班次;米脂杨家沟式小学,教学分早班、午班、夜班分别进行,按群众的需要规定教学内容,全体学生都不脱离生产;新式的巡回学校,教师轮流到各村送教上门,一天跑两个村庄,两三天即轮上一次,教师在山沟、路上或村里遇到学生便随时教学,学生不离生产,教学也无固定形式;旧式的轮回学校,由几村共请一位教师,轮流在每家上课十天或半月,轮到谁家就在那儿吃饭上课,要求学生脱产学习。这些有利于生产和抗战的学校,因时因地制宜,比较适合经济落后、人口分散的农村,得到群众的热烈拥护和支持。

虽然条件艰苦,但是抗日小学还是拥有自己编写的教材。在近期发现的一本抗战小学的教材中我们可以发现其教学内容的覆盖面还是很广泛的。这本教材属于苏北兴化"安丰区"一所抗日小学。教材印制于

1945 年,其采用钢板、蜡纸和红、绿、蓝 3 色油墨刻印,内容包括《国语》和《常识》,分别为一年级和四年级用。在一年级国语第 3 册目录中,有《孙中山先生》《毛泽东先生》《慰劳新四军》《我们是新中国的小主人》等课文;在四年级国语课文中,有反映抗战的乡土教材《送麒麟》唱本;在"报告和布告"的范文中,有"明天上午 9 时,开会欢迎启海的民兵英雄朱大玉同志,请他讲反清乡的故事给大家听"和"我二叔在南坎战斗中负了伤,现在已经痊愈了"和与射阳小学的挑战书、应战书等内容;以及中国地理、历史等内容。除此以外,在小学中级常识第六册(4 年级第 3 学期用)的目录里,有"种麦"、"种蚕豆"、"种菜"、"防除虫害"等知识。这四本教材已有些破残缺失,但反映了抗日根据地政府和群众在物质非常匮乏的年代,仍然十分重视对孩子的教育。

在游击区和近敌区,情况极为复杂,没有根据地的和平环境。那里遍布着敌人的碉堡、封锁沟与封锁墙。但是,斗争愈激烈,我们愈要坚持施行我们的抗战教育。在这敌我犬牙交错的地区,仍有我们的抗日两面小学和抗日隐蔽小学。抗日两面小学,表面上是敌伪小学,而实际上用伪装的方式讲授抗日课本。为了同敌人周旋,学校备有两套教师、两种教材,除了抗日教师之外,还有应敌教师,在敌人巡查时用敌伪课本或《三字经》《千字文》以作应付。他们乘敌不备,抓紧一切时机进行抗战教育,比如让一二年级大声地念书唱歌,来掩护三四年级上抗日课。而且他们有计划地教给学生应敌的技术,去麻痹或欺骗敌人。

抗日隐蔽小学则是地下小学,各地群众充分发挥了聪明才智,创造出种种隐蔽教学的办法。有"分组教学"法,把学生分成若干小组,各小组自己寻找上课地点,或破庙、或山沟、或炕头,并设岗放哨同老师联系。有"游击教学"法,每天更换上课地点,放学时教师把次日的集合地点告诉小组长,第二天学生装扮成农民、商贩等模样,装作去割草、拾粪、串亲或赶集,去指定处上课。有"化装教学"法,由教师化装成货郎或者郎中,去找各村的学习小组,学生装作打油买线看病集合起来上课,遇有敌情立即散开;或者教师隐蔽在村里的小杂货铺,给前来买东西的学生个别教学。还有"洞口教学"法,把教育同地道战结合起来,在有洞口的房子里集体上课,敌人若来就马上钻进洞里的地下教室。各法结合,不一而足。

抗日小学,实在是我们民族教育的宝贵财富,这种种教学方式,都是古今中外闻所未闻的创造。在坚持不懈的抗战教育中,在残酷复杂的战争环境里,孩子们日益锻炼得爱憎分明、英勇机智,小兵张嘎们成了抗日战争强大的后备军。

新中国教育的奠基

——学习苏联

1949 年,新中国成立后,中国共产党带领全国人民面临的建设任务, 是十分艰巨、十分繁重的。国民党反动派遗留下的半封建半殖民地的经济,已濒于枯竭瓦解;而文化教育,也十分落后。在这种情况下,新中国的教育怎么办?

在长期战争年代,在中国共产党领导下,老解放区兴办了教育事业。在当时政治、经济条件下,以"一切为了革命战争"为指针,老解放区教育有力地配合了当时各项建设事业,促进了革命战争的顺利进展,并在实践中积累了自己的教育经验。这些经验,是我们创建无产阶级教育事业的重要基础。然而,它受历史条件的限制,远不适应于建立人民共和国新型教育体系的需要。正如毛泽东所说:"我们熟悉的东西有些快要闲起来了,我们不熟悉的东西正在强迫我们去做。"毛泽东又说:"人民政府应有计划有步骤地改革旧的教育制度、教育内容和教学方法。"并在分析了当时国际国内情况后,明确告诫全党:"要学习苏联。""要在全国范围内掀起学习苏联的高潮,来建设我们的国家。"根据毛泽东的这些建议,针对当时我国的具体情况,我国确定了"以老解放区新教育经验为基础,吸收旧教育有用经验,借助苏联经验"的改造旧教育创建新教育的道路。充分重视了老解放区新教育经验的总结研究,在大中小学普遍开设了马列主义政治课,开展了教师的思想改造运动,确立了党对教育事业的领导。认真吸取了旧教育的有用经验,接收了愿意为人民服务的旧教职人员,运用了一些有益无害的教育设施、教材和教学方法。与此同时,切实地广泛地开展了向苏联学习的活动。

在这次学习过程中,学习的主要内容,在理论上主要是指以"三中心"为基本内容的凯洛夫的教学论。即:在教学过程中,学生以学习间接的书本知识为主,教师在教学过程中起主导作用,课堂教学是教学工作的基本组织形式。

当然,我国在建国初期教育领域学习苏联的过程中,无论在学习方法、学习态度和学习内容上,都存在一些缺点和问题。在学习方法上,注意理论联系实际不够,对苏联教育理论和工作经验缺乏深入细致的研究,对其理论和经验的实质,即具有普遍指导意义的东西抽取不够,对我国教育领域的实际,也缺乏周密的考察,盲目地提出了"先搬后化"的错误口号,凡是苏联教育领域有的,能搬的,不管适不适用,都搬进来。结果,有的东西用不上,有的东西本身就是经不起实践检验的。在学习态度上,有主观主义毛病,对其他国家、特别是对不同社会制度国家的东西,不分好坏,一概拒之门外,错误地在学习外域经验上,也套用了"一边倒"的关于政治倾向上的主张,自绝了吸取世界各国先进东西的来路,也从而失去了在比较中发现优劣真伪、取长补短的可能。另外,当时引进的凯洛夫教育理论本身,也是存在一些问题的。凯洛夫在注意吸取前人教育思想,注重帮助学生掌握间接知识的时候,却忽略了对促成少年儿童发展的教育使命的阐述;在思想政治教育同知识传授关系上,凯洛夫在指明思想政治教育应主要在教学过程中进行、为保证教学而进行的时候,却忽略了政治对业务的统领作用的论述;在教育的社会职能上,他注重了教育作为阶级斗争工具作用的一面,却忽略了其作为生产斗争工具作用的一面,等等。

缺点与不足,总是就成功与收获相对而言的。建国初期教育领域学苏联过程存在缺点与不足,这丝毫不能否定它对新中国教育的奠基作用。

教育理论建设的新征程

——改革深入

中华人民共和国成立初期,迫于形势的需要与可能,在教育领域开展了广泛深入地学习苏联的活动。这一学习活动,有效地把苏联当时的教育理论和工作经验引进了我国,为新中国教育事业的发展奠定了一个基础。与此同时,也就使以凯洛夫《教育学》为代表的传统教育思想在中国大地上深深扎下了根。片面崇尚书本、崇尚教师、崇尚课堂之风,越刮越大。加之1957年后政治上极左思潮的影响,使得教育领域形而上学猖獗。有时搞"政治可以冲击一切",有时喊"学好数理化,走遍天下都不怕";有时搞"智育第一",有时喊"读书无用";有时搞"闭门读书",有时又喊"劳动可以代替一切"。建国以来,有的思潮,主要是极左思潮的影响,一波未平,一波又起,教育领域指导思想不稳定,教育政策不稳定,除了政治上的原因外,教育理论研究的不深入、不成熟也是重要原因。

中国共产党十一届三中全会后,彻底清算了"四人帮"的罪行,在思想理论战线上也开展了大学习、大讨论的澄清是非的活动。在此过程中,教育领域的广大专家、学者和教师以极其高涨的热情,投入了这场严肃的明辨大是大非的活动,一个上下结合的教育理论建设新高潮掀起来了。教育理论权威刊物《教育研究》组织了一系列的高质量文章进行连续讨论和阐述。

这个教育理论建设高潮是以转变传统教育观念、破除教育改革过程中思想理论障碍为起点而展开的。

专家、学者和广大教师，在充分肯定以凯洛夫教育学为代表的传统教育思想的历史作用和功绩的前提下，严肃地指出了其不足。第一，传统教育理论体系引起概念混淆，导致教学实践中智育与德育的脱节。传统体系大都是把"教学"同"德育"、"体育"、"美育"、"生产劳动教育"并列起来，作为教育理论的基本内容。在客观上，这就是以"教学"取代了"智育"，把"教学"和"智育"这两个概念混淆起来了。于是，在"教学"这一部分中大讲"智育"，大讲知识传授，而把德育排除在"教学"之外。教学过程本是培养学生德、智、体全面发展、又红又专的综合教育过程。在其中不仅要进行智育、传授知识，而且同时进行思想政治教育，培养学生的共产主义道德品质，并且还要进行体育、美育和生产劳动教育。实际上，单纯的智育或德育过程是不存在的。把"教学"同"德育"并列，以之取代"智育"，这是长期以来在实践中教学脱离政治、不注重思想品德教育的理论根源。第二，传统教育理论体系造成对"教育原则"表述的重复与疏漏。第三，传统教育理论体系章目关系不清，逻辑性不强。第四，传统教育理论体系局限性大，不能全面反映教育理论新成果、时代特点和民族特色。随着现代人体解剖生理学、高级神经活动学说以及分子生物学、心理学、社会学等科学的发展，随着教育实践的深入，人们对教育现象的认识越发深刻，教育理论内容不断得到充实与更新，越来越迫切需要突破传统体系的局限而把新的内容充实进去。比如，作为教育对象的人（学生），既是一个自然实体，又是一个社会实体，它具有一系列的本质属性。只有充分认识了教育对象同教育相关方面的基本属性，以及这种属性间的关系，只有了解与掌握了这个对象同客观世界一系列相关因素的联系，以及这个对象自身发展的规律，教育内容、途径、方法、原则等一系列问题的阐述，方能论有依据，立有根基，才能使教育理论名副其实地成为对教育规律的科学表述。而传统体系则只局部地描绘了教育对象，即列了"年龄特征"一章，既没有阐述作为多种矛盾统一体的人的自身结构,也没有揭示作为教育对象的人的自身发展规律。由于对教育对象缺乏系统的深入的研究,就给深入揭示教育规律设下了不可逾越的障碍。再如,传统教育理论体系对"学"的规律也很少作正面揭示,只讲怎样教,不谈如何学,导致教学脱节,等等。

应当建立一个怎样的教育理论体系?在几年的大讨论过程中,逐步取得了基本的共识,即以充分反映教育规律为目标,尽可能容纳教育科学新成果,便于教育科学自身的研究与传播,把握住教育属性、教育者、教育对象、教育目的、教育内容、教育途径、教育方法、教育原则、教育管理、教育科研等十个基本问题进行阐述。在理论体系探讨的基础上,一些有条件的专家学者纷纷执笔著述。于是,一批独具特色、面目一新的教育理论著述呈现于世了。一位老教授在读了新出版的《新编教育学》后,欣喜写道:"建立具有中国社会主义特色的教育理论体系,这是在我们党把教育放在四化建设战略重点地位的今天,摆在我们面前的一个紧迫课题。读了这本书,顿觉新意盎然,这是一本初具我国社会主义特色的教育学专著……虽然它还可能存在这样那样的不足与缺欠,但它毕竟表明,在建立具有我国特色的教育理论体系的征程上,已迈出了一步,这是可喜的一步。"

在教育改革和发展的实践中,教育理论是非不断得到澄清,教育科学不断得到发展。而教育理论是非的澄清,教育科学的发展,又有力地推动我国社会主义教育的改革与发展跨入更自觉、更稳健、更深入的阶段。